AF203215

DIGITALE
BILDKULTUREN

Paul Frosh

SCREENSHOTS

Racheengel der Fotografie

Verlag Klaus Wagenbach   Berlin

DIGITALE BILDKULTUREN

Durch die Digitalisierung haben Bilder einen enormen Bedeutungszuwachs erfahren. Dass sie sich einfacher und variabler denn je herstellen und so schnell wie nie verbreiten und teilen lassen, führt nicht nur zur vielbeschworenen »Bilderflut«, sondern verleiht Bildern auch zusätzliche Funktionen. Erstmals können sich Menschen mit Bildern genauso selbstverständlich austauschen wie mit gesprochener oder geschriebener Sprache. Der schon vor Jahren proklamierte »Iconic Turn« ist Realität geworden.

Die Reihe DIGITALE BILDKULTUREN widmet sich den wichtigsten neuen Formen und Verwendungsweisen von Bildern und ordnet sie kulturgeschichtlich ein. Selfies, Meme, Fake-Bilder oder Bildproteste haben Vorläufer in der analogen Welt. Doch konnten sie nur aus der Logik und Infrastruktur der digitalen Medien heraus entstehen. Nun geht es darum, Kriterien für den Umgang mit diesen Bildphänomenen zu finden und ästhetische, kulturelle sowie soziopolitische Zusammenhänge herzustellen.

Die Bände der Reihe werden ergänzt durch die Website *www.digitale-bildkulturen.de*. Dort wird weiterführendes und jeweils aktualisiertes Material zu den einzelnen Bildphänomenen gesammelt und ein Glossar zu den Schlüsselbegriffen der DIGITALEN BILDKULTUREN bereitgestellt.

Herausgegeben von
Annekathrin Kohout und Wolfgang Ullrich

Der Screenshot als Schnappschuss: beim Ansehen von Instagram-Stories

Die »fotografische« Zeugenschaft digitaler Welten

Der Screenshot ist die Allzweckwaffe der digitalen Kultur. Obwohl sie fast überall zum Einsatz kommen, finden Screenshots jedoch, anders als etwa Selfies, in der öffentlichen Debatte und in wissenschaftlichen Untersuchungen kaum Beachtung. Will man auf etwas aus den digitalen Medien Bezug nehmen, sind Screenshots eine allgegenwärtige Praxis. Da man dabei jedoch meist *innerhalb* digitaler Medien bleibt, wird der Screenshot in der Regel nicht als eigenständige Kulturtechnik wahrgenommen; man übersieht, dass es sich um eine Darstellungsform handelt, die bestimmte Annahmen voraussetzt und auch befördert. Diese Annahmen betreffen nicht nur den Status des Screenshots und das, was mit ihm ausgesagt werden soll, sondern ebenso die Verfasstheit der Sozialen Medien, auf die er sich (meist) bezieht und über die er etwas mitteilt. Die Naivität und das unreflektierte Verhalten gegenüber Screenshots sind nicht ansatzweise vergleichbar mit der Skepsis, dem Sarkasmus oder auch der ehrfürchtigen Bewunderung, die wir gegenüber anderen Kulturformen – oft sogar demonstrativ – an den Tag zu legen gewohnt sind. Nach wie vor ist es daher kaum möglich, auch nur eine einzige öffentliche oder wissenschaftliche Debatte über die Glaubwürdigkeit oder den Wahrheitsgehalt eines Screenshots zu nennen, obwohl Screenshots in vielerlei und zentraler Hinsicht nicht weniger manipulierbar und ideologisch sind als digitale Fotos. Um mit dem Rhetoriker Richard Lanham zu sprechen, schauen wir durch Screenshots fast ausnahmslos *hindurch* und konzentrieren uns darauf, was sie darstellen – statt *auf* sie zu blicken, um zu reflektieren, wie

Donald J. Trump ✔
@realDonaldTrump

&+ Follow

Despite the constant negative press covfefe

RETWEETS | LIKES
11,029 | 13,430

12:06 AM - 31 May 2017

↩ 7.8K ↻ 11K ♥ 13K

1: Screenshot des Twitter-Beitrags von US-Präsident Donald Trump, 31.5.2017.

sie funktionieren.[1] Trotz der Bedeutung des Screenshots als Diskursgegenstand (immerhin hat er einen Namen bekommen) gehört er in seiner geläufigen Verwendung also zu den bisher am wenigsten beachteten digitalen Phänomenen.

Betrachten wir ein berühmtes Beispiel aus dem Jahr 2017 (Abbildung 1). Es geht um einen Tweet, der am 31. Mai kurz nach Mitternacht im Twitter-Feed von US-Präsident Donald Trump veröffentlicht und am selben Tag um kurz vor sechs Uhr morgens wieder gelöscht wurde. Da Trump zu diesem Zeitpunkt auf Twitter rund 31 Millionen Follower hatte, dürften viele seinen Tweet »originär« über die Twitter-App gesehen haben – entweder in Form des ursprünglichen Beitrags von Trump selbst oder durch (häufig süffisante) Retweets. Weitaus mehr Leute dürften jedoch aus anderen Quellen davon erfahren haben, da auf Online-Nachrichtenportalen, in Blogs und Sozialen Netzwerken sowie in traditionellen Medien wie

Fernsehen, Radio und Zeitung ausführlich darüber berichtet, diskutiert und gespottet wurde. Allerdings berichteten diese Kanäle nicht einfach nur *über* Trumps Tweet, dessen sprachlichen Inhalt, seine Absurdität und das seltsam verspätete

2: Beitrag in *The Guardian* von Elle Hunt über den »covfefe«-Tweet von US-Präsident Donald Trump, 31.5.2017.

Löschen. Fast immer wurde der Tweet auch selbst abgebildet (häufig zusammen mit Kommentaren anderer Nutzer), und zwar mit Hilfe von Screenshots. So zeigt Abbildung 2 Teile eines Beitrags in der Nachrichtenrubrik der Website von *The Guardian* vom selben Tag (der immer noch online war, als ich etliche Monate später meinerseits einen Screenshot davon machte).

In gewisser Weise ist der Screenshot hier überflüssig, da im zweiten Absatz des Beitrags der Wortlaut des Tweets, als Zitat gekennzeichnet, wiedergegeben wird. Zudem ist der Screenshot mit keinerlei Legende versehen, sondern steht einfach da (sogar zweimal – zuerst in der Anfangseinstellung des Videos und dann nochmals im Beitragstext). Seine Herkunft wird nicht näher erklärt, vielmehr liefert er offenbar das Ausgangsmaterial für den Bericht: als Nachrichtenteilchen, das in den Text eingebunden wird.[2] Es gibt keine Hinweise darauf, dass es sich bei dem Screenshot um eine mediale Aufbereitung oder Wiedergabe – um ein Abbild – des Tweets handelt.

Genauer gesagt: Es fehlen Anzeichen dafür, dass die mediale Aufbereitung als solche reflektiert wird – womit zugleich die Aufmerksamkeit auf den Screenshot als eigenständiges Medienobjekt gelenkt würde. Im Gegensatz dazu ist der Screenshot voll von Zeichen, die zu seinem »Inhalt« sowie dem Medium gehören, das er abbildet; sie absorbieren alle Aufmerksamkeit. So gibt der Screenshot nicht nur den Wortlaut des »covfefe«-Tweets wieder, sondern umfasst auch alle zusätzlichen Angaben und Informationen, die auf Twitter erscheinen, wie etwa den Namen Trumps, sein Profilbild, Datum und Uhrzeit des Tweets sowie die Anzahl der Retweets und Likes zum Zeitpunkt des Screenshots. Das ist aus zwei Gründen relevant, wie ich später ausführen werde: Einerseits weil der Screenshot dadurch so präsentiert wird, als würde er den Tweet scheinbar unvermittelt in seiner vermeintlich ursprünglichen Form erfassen, und andererseits weil dadurch die Twitter-Oberfläche als Schauplatz permanenter Aktivität, als ein Aktionsfeld in sogenannter Echtzeit erscheint.

Was also ist ein Screenshot – und woraus ergibt sich, dass er als solcher so leicht übersehen wird? Und noch wichtiger: Wozu führt das? Rein technisch betrachtet wird ein Screenshot erzeugt, indem man auf die Informationen aus dem sogenannten Bildspeicher eines Computers oder Mobilgerätes zugreift. Dieser Speicherbereich enthält die visuellen Informationen, die zu einem bestimmten Zeitpunkt auf dem Bildschirm dargestellt werden, zudem die Befehle an das Gerät, diese Informationen als Bilddatei (zum Beispiel im JPEG-Format) zu entschlüsseln. Hinsichtlich seiner kommunikativ-sozialen Funktion ist der Screenshot jedoch eine gänzlich andere Sache – genau genommen ist er sogar mehrerlei Sachen: Er ist ein Dokument, er ist ein Foto in neuem medialen Gewand, er ist ein Mittel der Zeugenschaft *(mode of witnessing)* und taugt sogar zu einer gleichsam poetischen Welterschließung.

Vom Prozess zum Dokument

Der Medientheoretiker Lev Manovich vertritt die Auffassung, dass die zeitgenössische »Software-Kultur« durch die Abkehr vom statischen »Dokument« als dem elementaren »Atom« der kulturellen Praxis im 20. Jahrhundert zugunsten der Hinwendung zu dynamischen Prozessen gekennzeichnet ist:

> Ich verwende den Terminus »Prozess«, da das, was wir erleben, durch Software in Echtzeit erzeugt wird. Wenn wir eine dynamische Website besuchen, ein Computerspiel spielen oder eine App auf dem Smartphone nutzen, um Orte oder Freunde in der Nähe zu lokalisieren, so interagieren wir nicht mit vordefinierten statischen Dokumenten, sondern mit den dynamischen Resultaten eines Rechenprozesses, der in Echtzeit auf unserem Gerät und/oder dem Server abläuft.[3]

Dieses Argument macht den Screenshot zu einem etwas paradoxen Objekt. Denn während er – wie Manovich zu Recht hervorheben würde – durch Echtzeit-Berechnungen auf unseren Geräten erzeugt, gespeichert, verbreitet und angezeigt wird, erscheint er uns eindeutig als ein statisches Element. Screenshots suggerieren (ähnlich wie Ausdrucke), dem ständig in Veränderung begriffenen Strom an Prozessen, der die digitalen Medien auszeichnet, Festigkeit und Beständigkeit zu verleihen. Sofern in der zeitgenössischen Medienkultur tatsächlich ein historischer Übergang von statischen Textobjekten zu dynamischen Prozessen erfolgt, zeugt der Screenshot also vermeintlich von einer Gegentendenz.

Natürlich lässt sich der von Manovich beschriebene Gegensatz in historische Bezüge bringen. Die von ihm beschriebenen Formen von Fluidität und fortwährender Transformation sind in der zeitgenössischen Kultur und in den digitalen Medien keineswegs neu oder einzigartig. Variabilität und dauernde Transformation sind vielmehr bereits in der gesamten Moderne des 19. und 20. Jahrhunderts Schlüsselthemen.[4] So wurden etwa Fernsehübertragungen vom Autor und Kritiker Raymond Williams[5] schon vor geraumer Zeit als »fluid« beschrieben – im Gegensatz zu Texten in einem statischen Medium. Doch auch Dokumente waren – wie die komplexen Editionsgeschichten von Manuskripten und gedruckten Texten immer wieder bewusstmachen – nie einfach nur beständige »Atome«; Manovichs Diktion neigt dazu, ihren zutiefst historischen und prozesshaften Charakter zu verwischen. Der Gegensatz zwischen analoger Beständigkeit (*analogue fixity*) und digitaler Fluidität (*digital fluidity*) vermengt zudem die technische Infrastruktur mit der kommunikativ-sozialen Funktion.[6] Bezeichnenderweise spielt das Anlegen von Dokumenten sowohl in der Geschichte der Computertechnik als auch in der modernen digitalen Praxis eine zentrale Rolle: Denken wir etwa an den auf nahezu jedem PC standardmäßig vorhandenen Ordner »Eigene Dokumente« oder an die Popularität und Geläufigkeit des Dateiformates PDF (Portable Document Format) von Adobe.[7] Dass Dokumente in der Ära der digitalen Medien immer noch allgegenwärtig sind, überrascht kaum, tragen sie doch dazu bei, so etwas wie »Zuverlässigkeit in der Kommunikation« (*communicative stability*) zu erzeugen. Und dies ist die Voraussetzung für die Errichtung, Bewahrung und Koordination der gesellschaftlichen Institutionen und des Alltagslebens. Der Informatiker David Levy bringt es auf den Punkt: »Bei den Argumenten für ein angebliches Ende von Festem und Beständigem *(death-of-fixity)* bleibt der Stellenwert von Stabilität innerhalb der Kommunikation unberücksichtigt. Die Fähigkeit, Gesprochenes zu fixieren und so seine Wiederholbarkeit zu garantieren, ist eine Grundlage menschlicher Kultur. [...] Tatsächlich wäre es merkwürdig, ginge dieser wesentliche Faktor verloren, nur weil Kommunikation unter neuen Voraussetzungen stattfindet«.[8]

Doch wenn wir den von Manovich aufgezeigten Gegensatz zwischen Dokumenten und digitalen Prozessen hinterfragen, müssen wir seine Definition, was eigentlich ein Dokument ist, genauer ansehen. Ihr zufolge ist ein Dokument »ein materiell gespeicherter Inhalt, der den Konsumenten in physischer Form (Bücher, Filme, Tonaufnahmen) oder durch elektronische Übertragung (Fernsehen) zugänglich gemacht wird«.[9] Wie Levy (und nicht nur er) anmerkt, sind statischer Zustand und physische Form nicht ausschließlich Eigenschaften von Dokumenten: Auch andere Gegenstände weisen diese auf, ohne dass wir sie als Dokumente bezeichnen würden. Ein Dokument ist somit eine spezielle Art von Gegenstand, zu der nach Ansicht einiger Wissenschaftler sogar Software oder Algorithmen gehören.[10] Was also macht gerade den Screenshot zu einem Dokument und was folgt daraus?

Obwohl die Forschung zu Dokumenten und Dokumentation auf die Geschichte des Begriffs und seine Abweichungen in verschiedenen Wissenschaftsdisziplinen hinweist,[11] benennt der Bibliothekswissenschaftler Michael Buckland drei grundlegende Definitionstypen.

Die »materielle Sichtweise« – zugleich die traditionellste – definiert Dokumente als »grafische Aufzeichnungen, üblicherweise in Textform, geschrieben oder dargestellt auf einer flachen Oberfläche (Ton, Schrifttafel, Papier, Mikrofilm, Computerbildschirm), deren Träger transportabel und die nicht ortsgebunden sind«.[12] Bemerkenswert ist dabei, dass diese Definition ein weit gefasstes Verständnis von Materialität verrät: Die »grafische Aufzeichnung« erfordert keine eigenständige physische Form als Medium, wie an der Berücksichtigung des Computerbildschirms als möglichem Oberflächenmaterial neben Ton und Papier deutlich wird. Den zweiten Definitionstyp bezeichnet Buckland als »instrumentell«: »Aus dieser Perspektive kann nahezu alles als Dokument dienen, etwas anzeigen oder in irgendeiner Form als Beweismittel fungieren«.[13] Dieser Ansatz wird durch die Thesen der Bibliothekarin und Dichterin Suzanne Briet[14] begründet, ursprünglich 1951 in einem viel zitierten Text über das Wesen der Dokumentation veröffentlicht. Darin geht es unter anderem darum, dass eine Antilope in freier Wildbahn nicht als Dokument gelten könne, während eine als Vertreterin ihrer Art im Zoo gehaltene Antilope ein Dokument darstelle – da sie als Studienobjekt diene, katalogisiert werde, von ihr Ton- und Filmaufnahmen gemacht würden und sie (nach ihrem Tod) ausgestopft in einem Museum gezeigt werde; dabei seien Film- und sonstige Aufnahmen, wissenschaftliche Beiträge usw. als »sekundäre« Dokumente einzustufen.[15] Ebenso wäre ein Kieselstein in einem Fluss kein Dokument, ließe sich als Ausstellungsstück in einem Museum für Mineralogie jedoch durchaus als solches ansehen. Dokumente sind also Gegenstände – keineswegs nur grafische Aufzeichnungen –, die bewusst zu Dokumenten gemacht und im Rahmen bestimmter (hauptsächlich institutioneller) Praktiken als solche behandelt werden.[16] Wenn man die Kategorie des Dokuments von den scheinbar inhärenten Eigenschaften bestimmter Artefakte (hauptsächlich in Textform) trennt, stellt man die kontextbezogenen Praktiken der Dokumentation und nicht die Dokumente selbst in den Mittelpunkt der Forschung. Das ist insofern berechtigt, als diese Praktiken den Gegenständen vorausgehen, ja, sie sogar erst hervorbringen. Ein solches Vorgehen nimmt Dokumenten aber auch den Status von quasi-natürlichen Einheiten, die als kulturelle »Atome« »vordefiniert« sind, wie sie Manovich basierend auf ihrem Charakter als physische Speicher nennt.

Schließlich gibt es Buckland zufolge noch einen dritten, »semiotischen Ansatz«, der die Definition noch weiter fasst und alles einschließt, »was als Dokument betrachtet werden könnte, sofern es als Beweisstück für etwas angesehen wird – unabhängig davon, was sein Schöpfer (falls vorhanden) damit beabsichtigte (sofern überhaupt etwas beabsichtigt wurde)«.[17]

Dieser letzte Ansatz bekräftigt den springenden Punkt, der diese zunehmend umfassenden Definitionen miteinander verbindet: die Idee des Dokuments als Beweisstück. Ohne diesen Punkt drohen die Definitionen das Dokument mit nahezu allen zeichenhaften Objekten gleichzusetzen und zudem seine Entwicklung als Gegenstand von Wissen sowie als Mittel der Wissenserzeugung zu enthistorisieren.[18] Unter Verweis darauf, »dass das Wort ›Dokument‹ von der lateinischen Wurzel *docer* abgeleitet ist, die sowohl ›lehren/Erkenntnis vermitteln‹ als auch ›zeigen‹ bedeutet«, beschreibt die Medienhistorikerin Lisa Gitelman diesen springenden Punkt wie folgt: »Dokumente helfen bei Definitionen und werden ihrerseits wechselseitig durch die Verbindung von Erkennen (*knowing*) und Zeigen (*showing*) – die *know-show-function* – bestimmt. Dokumentieren heißt, dass Zeigen und Erkennen untrennbar miteinander verbunden sind.«[19]

Die große Bedeutung des Zusammenhangs von Erkennen und Zeigen wird am Beispiel des Screenshots im Beitrag von *The Guardian* über Trumps »covfefe«-Tweet deutlich (siehe oben in Abbildung 2). Der Screenshot ist deshalb nicht redundant, weil er als Beweis für den Tweet fungiert (ihn enthält und darstellt), was sich mit einem wörtlichen Zitat allein nicht erreichen ließe. Sein Zweck als Beweismittel wird durch die Einbettung in den Artikel so deutlich kommuniziert, dass er vollkommen für sich spricht und keiner zusätzlichen Beschriftung bedarf, um seinen Status als Wiedergabe (oder Bild) eines anderen Inhalts zu verdeutlichen. Geht man von der Dualität der Darstellungsformen »Zeigen« und »Sagen« aus, so repräsentiert der Screenshot, vergleicht man ihn mit dem Text des Beitrags, in den er eingebettet ist, eindeutig das Element des Zeigens. Während der Text den Tweet lediglich innerhalb eines sprachlichen Zusammenhangs wiedergeben kann, bildet der Screenshot ihn 1:1 ab. Er bringt ihn damit vermeintlich unmittelbar zu Bewusstsein und versetzt ihn in eine Position »direkter Zeugenschaft«.[20]

Zum Teil ergibt sich die rhetorische Klarheit des Screenshots, sein Potenzial als Beweismittel und die Tatsache, dass er wie selbstverständlich als eigene mediale Form übersehen wird, aus den Konventionen von Dokumenten als einem speziellen Genre. (»Genre« ist laut Gitelman »eine im jeweiligen Diskurs angelegte Erkenntnisform«.)[21] Ein Genre – wie zum Beispiel die Anekdote, der Krimi oder der Witz – bezieht sich dabei nicht nur auf eine Klasse von Texten mit einigen gemeinsamen formalen Eigenschaften und Bezügen, sondern auch darauf, dass Begriffe und Umgangsformen kategorisiert werden, die bei Sendern und Empfängern »spezifische Systeme von Hypothesen und Erwartungen« ausprägen.[22] Wer Dokumente erzeugt, wahrnimmt und interpretiert, behandelt sie daher allgemein (und häufig unreflektiert) als Einheiten, die aufschlussreiches Wissen enthalten und zur Geltung bringen. Das bestätigt im Gegenzug die Selbstverständlichkeit der Verbindung von Erkennen und Zeigen, die solchen Artefakten eigen ist.[23] Manovichs These, dass ein Dokument ein »in physischer Form gespeicherter Inhalt« sei, ist demnach nicht *völlig* falsch. Sie nimmt lediglich als selbstverständlich an, was jedoch begründet werden muss: nämlich jene Idee, dass ein bestimmtes materielles oder symbolisches Objekt ein verlässliches Kommunikationsmittel sein kann, ein Medium zur sicheren Speicherung und genauen Darstellung von Inhalt. Und im Fall des Screenshots kann dies sehr rasch geschehen, mit geringem erkenntnistheoretischem Aufwand hinsichtlich Wahrhaftigkeit, Wahrheitswert und anderen Aspekten – in einem Zeitalter vermeintlicher digitaler Fluidität.

Die Rahmung des Screenshots

Damit der Screenshot Stabilität als Kommunikationsmittel erlangt, bedarf es einer wichtigen grafischen Konvention, die allzu leicht unbeachtet bleibt oder fälschlicherweise als trivial gilt. So hat er die Form eines Rechtecks und besitzt deutlich erkennbare Begrenzungen. Stets erscheinen Screenshots zudem vor einem Hintergrund innerhalb von Rahmenlinien (entweder gehören diese zu einem geöffneten Fenster einer grafischen Benutzeroberfläche oder sind grafisch reproduziert). Bei einigen Geräten, wie beispielsweise Smartphones und Tablets, zeigt diese rechteckige Form an, dass der Screenshot deckungsgleich mit dem gesamten Display des Gerätes ist, da die vorinstallierte Kamera-App nicht zulässt, dass der Screenshot lediglich einen Teil des Displays abbildet.[24] Dagegen lassen sich mit Desktop-Computern oder Laptops Screenshots sowohl vom kompletten Bildschirm wie auch von Teilen davon erzeugen. Dabei herrscht bei den Screenshot-Funktionen, die in die meistverwendeten Betriebssysteme integriert sind, ebenfalls die Form des Rechtecks vor.

Was die Genealogie der rechteckigen Rahmenlinien des Screenshots anbelangt, so wird eine doppelte Assoziation geweckt: Einerseits entsteht ein Bezug zur westlichen illusionistischen Bilddarstellung, insbesondere der von Gemälden und Fotografien, und andererseits lässt sich an ein Dokument denken, das als autonom materielles Objekt in Form eines Blatts Papier vor einen Hintergrund geheftet ist. Ungeachtet ihrer grundlegenden Unterschiede und historischen Wandlungen sorgen diese beiden Traditionslinien jeweils für stillschweigend vorausgesetzte Vorstellungen davon, was ein Screenshot ist und wie er Wissen konstruiert und darstellt.

Diese Vorstellungen lassen sich anhand von zwei miteinander verknüpften Gedankengängen analysieren: Zum einen geht es um die Konstruktion von Bildern als Darstellungsräumen, zum anderen um die Zuschreibung von Objekteigenschaften. Zuerst einmal wird mit den Rahmenlinien des Screenshots das »grundlegende grafische Prinzip« der Strukturierung einer Fläche angewendet; sie grenzen also »einen Bereich oder Raum so ab, dass ihm eine spezifische Bedeutung zugeschrieben werden kann.«[25] Die Rahmenlinien schaffen zudem kompositorische Verbindungen und Abgrenzungen zwischen (sowohl textlichen als auch bildlichen) grafischen Elementen, sodass die innerhalb des Rahmens befindlichen Elemente als miteinander zusammenhängend und mit Elementen außerhalb der Rahmenlinien nicht zusammenhängend interpretiert werden.[26] Dieser semiotische Effekt tritt selbst dann auf, wenn das Material des internen »Dokuments«, das in den Rahmenlinien eingeschlossen ist, und der externe »Hintergrund« der gesamten Fläche genau gleich sind (dies ist etwa dann der Fall, wenn die Rahmenlinien auf eine Papieroberfläche gedruckt sind oder auf einem Bildschirm erscheinen).

Doch die Rahmenlinien haben bei einem Screenshot noch weiter reichende Auswirkungen. So sind Rahmen Voraussetzung dafür, dass Bilder als darstellende Konstrukte überhaupt zur Erscheinung kommen und verständlich werden.[27] Die Relevanz dieser Wirkung eines Rahmens lässt sich vielleicht am besten anhand eines bekannten Beispiels illustrieren, nämlich an der durch ihn ermöglichten Umstellung der Wahrnehmung von zwei Dimensionen auf drei, wie sie durch die Linearperspektive erzielt wird. Albertis berühmte Abhandlung *De Pictura* (im Jahr 1435 auf Latein veröffentlicht) beschreibt recht launig die außergewöhnliche transformative Kraft des Rahmens: »Zuerst zeichne ich auf der Fläche, die das Gemälde tragen soll, ein vierwinkliges Rechteck beliebiger Größe: Es dient mir gewissermaßen als offenstehendes Fenster, durch welches der ›Vorgang‹ betrachtet wird.«[28]

Gemäß dieser Beschreibung geht der (Fenster-)Rahmen dem Bild voraus und ist die Bedingung dafür, dass es als eine Art von Darstellung verständlich wird. Er markiert nicht nur die Grenze zwischen den Räumen – innerhalb und außerhalb des Rechtecks –, sondern genauso zwischen den Arten der Wahrnehmung, die diese Räume prägen: zwischen der Wahrnehmung der Umwelt außerhalb des Rahmens und der Wahrnehmung einer charakteristischen Welt – in diesem Fall einer Welt mit Tiefenwirkung – innerhalb des Rahmens und durch ihn »hindurch«. Begleitend zu diesem Wechsel in der Wahrnehmung wird innerhalb der Rahmenlinien sowohl die physische Oberfläche des Bildes als auch seine Qualität als eine Darstellung übersehen. Wie zu Beginn dieses Essays erörtert, wird der Screenshot trotz seiner großen Verbreitung kaum je als Screenshot bemerkt, selbst wenn wir ihn direkt vor Augen haben. Zumeist schauen wir durch ihn »hindurch« statt »auf« ihn. Man sieht daran: Der grafische Rahmen ist selbst bereits bei einer so schlichten Version wie einem gezeichneten Rechteck mit wahrnehmungsspezifischen, kognitiven und semiotischen Konventionen aufgeladen: Ohne sie würde der Rahmen gar nicht als solcher wirksam, sondern ein Rechteck bleiben.[29]

Dass die Rahmenlinien des Screenshots in einer Tradition von Bildern stehen, wird durch den zweiten Gedankengang noch deutlicher. Schreibt man dem Screenshot einen Objektstatus zu, wird nämlich relevant, dass Rahmenlinien häufig ein grafisches Echo auf die physischen Grenzen materieller Objekte sind, die als Oberflächen für Texte und Bilder verwendet werden: Papier- und Kartonbögen, Schreibtafeln, Leinwände, Fotodrucke usw. Darüber hinaus setzen sie in visueller Form die Idee von Abgegrenztheit und Eigenständigkeit um, die mit physischen Objekten assoziiert wird. Im Fall des Screenshots wird dieser Objektstatus durch seine quasi-physischen Eigenschaften als interaktives Objekt verstärkt, das (wie einige andere digitale Elemente) am Computer verschoben, in seiner Größe verändert werden und zudem mit Hilfe einer Reihe von Text-, Grafik- und Bildbearbeitungsprogrammen auf digitalen Geräten herausgelöst, übertragen und neu angeordnet werden kann. Der Screenshot lässt sich mit Maus, Touchpad oder Touchscreen wie ein räumlich eigenständiges und dreidimensionales Artefakt handhaben – wobei die Rahmenlinien als fixe Außenkanten des Objekts fungieren, das sich gewissermaßen »auf« der Bildschirmoberfläche befindet (und uns die Sicht auf andere Oberflächen oder Objekte versperrt, »über« die es sich scheinbar bewegt).[30]

Die formale Ganzheit und Quasi-Beständigkeit des Screenshots als separates, begrenztes Objekt wird ferner durch seine vermeintliche Autonomie als eigene Computerdatei verstärkt. Die Ähnlichkeit mit Papierdokumenten (und ihre historische Assoziation mit bürokratischen Praktiken) ist sowohl funktionaler als auch metaphorischer Natur: Der Screenshot kann nicht nur zwischen unterschiedlichen Positionen auf dem Bildschirm bewegt und verschoben, sondern auch gespeichert und abgelegt werden.[31] Es gilt hier, was Gitelman über Dokumente generell schreibt: »Manchmal ist etwas nur deshalb ein Dokument, weil es grundsätzlich die Fähigkeit hat, etwas zu zeigen. Solche Dokumente werden für die Zukunft markiert und abgelegt, nur für den Fall, dass man sie einmal braucht.«[32]

Dass der Screenshot als eingerahmtes und eigenständiges Objekt beweglich, speicherfähig und wieder abrufbar ist, widerspricht jedoch, wie wir gesehen haben, den Ansprüchen auf eine Vorrangstellung der Fluidität in den digitalen Medien. Dafür scheinen diese Eigenschaften des Screenshots einer gegenwärtig verbreiteten Idee von Information zu entsprechen. Ihr zufolge ist Information das, was der Linguist Geoffrey Nunberg eine »intentionale Substanz« nennt, »die in der Welt vorhanden ist«.[33] Sie ist scheinbar unabhängig von den jeweiligen kulturellen Praktiken und technischen Infrastrukturen, die sie hervorbringen. Als abstrakter und dennoch realer »Stoff« ist Information zumindest implizit mit so etwas wie einer materiellen Struktur ausgestattet. Und diese Struktur lässt sich leicht fragmentieren: »Im Gegensatz zu Wissen, das wir oft ganzheitlich betrachten, besteht Information im Wesentlichen aus kleinen Einzelteilen, wie Sand oder ein Risotto. Sie setzt sich aus kleinen Inhaltsatomen – Aussagen, Sätzen, Bits – zusammen, die jeweils unabhängig voneinander abtrennbar, manipulierbar und tabellierbar sind. [...] Wir können Stücke von Informationen herauslösen und versenden, während wir gleichzeitig ihre Geltung bewahren.«[34]

Der Screenshot fungiert demnach geradezu als Musterbeispiel für die Idee einer Fragmentierbarkeit von Information:

Er scheint die Eigenschaften zu bestätigen, die Information laut Nunberg zugeschrieben werden. Tatsächlich finden sich in Nunbergs Kritik am vorherrschenden Informationsbegriff in der digitalen Kultur erstaunliche Anklänge *(avant la lettre)* an die Atom-Metapher von Manovich, mit der er Dokumente als Teil eines früheren, *prä-digitalen* Medienregimes beschreibt. Unbeirrt von seiner These, dass statische Dokumente durch fluide digitale Prozesse ersetzt werden, stellt sich der Screenshot als beispielhaft beständiges Gebilde dar, das ganz selbstverständlich die Idee verkörpert, dass sich Information in feste Einheiten zerteilen lässt.[35]

Sofern der Screenshot den Eindruck einer Stabilität von Information erzeugt, kommt aber noch ein anderer Aspekt ins Spiel, der von seiner primär räumlichen und semiotischen Betrachtung als Dokument zu einem zeitlichen und gewissermaßen poetischeren Verständnis von ihm als eines Mittels der Zeugenschaft und Welterschließung führt. Dokumente, so David Levy, seien »sprechende Dinge. Es sind Teile der materiellen Welt – Ton, Stein, Tierhaut, Pflanzenfasern, Sand –, die wir mit der Fähigkeit zu sprechen durchdrungen haben«.[36] Diese Art von »Bauchrednerei« ist keine einmalige Angelegenheit: Dokumente besitzen nur eine relative Stabilität hinsichtlich dessen, was sie mitteilen. Dass eine Aussage verändert wird oder verschwindet, wird verhindert, indem man sie aus dem unmittelbaren Zeitfluss herausnimmt und dank Wiederholung, Geschichte und Archivierung in weniger turbulente, verlangsamte Zeitlichkeiten verlagert. Somit kündet der Screenshot gerade in seiner Stabilität von etwas, das sich permanent verändert: Das Verlangen, ihn zu fixieren, legt nahe, dass die Welt, auf die er sich bezieht, in Bewegung ist und sich fortwährend wandelt. Im Fall von Trumps »covfefe«-Tweet wurde diese offensichtliche Implikation einer Welt im Wandel dadurch verstärkt, dass der ursprüngliche Tweet einige Stunden nach seiner Veröffentlichung entfernt wurde. Auf die Erfahrung der Wandelbarkeit der Welt lässt zudem die verbreitete Praxis schließen, Screenshots dazu einzusetzen, die gewollte Vergänglichkeit von Bildern bei Anwendungen wie Snapchat zu umgehen, bei denen über die App versandte Fotos und Videos innerhalb von zehn Sekunden von den Bildschirmen der Empfänger verschwinden. Man könnte den Screenshot sogar als Racheengel der traditionellen Fotografie bezeichnen, weil er das radikale Unterfangen von Snapchat unterläuft, die konventionelle Verwendung von Fotos als Erinnerungsstücken und Beweismitteln unmöglich zu machen.[37]

Eine Fotografie in neuem medialen Gewand

Wenn der Screenshot ein sprechendes Ding ist, stellt sich die Frage, in welcher Form genau er sich äußert. Inzwischen ist deutlich geworden, dass der Screenshot nicht nur irgendein beliebiges digitales Dokument ist (von denen es in der Tat sehr viele gibt). Wie sein Name nahelegt, ist er die mächtige »Remediation« einer Fotografie: die Neugestaltung von Aspekten eines Mediums in einem anderen Medium,[38] wobei spezifische Konventionen der Fotografie reproduziert werden, wie sie etwa für Nomenklatur, Bildproduktion, Bildsprache und Bildrezeption gelten.[39] Auf diese Remediation lässt sich nicht nur wegen der Anspielung von »Screenshot« auf den umgangssprachlichen Ausdruck »Schnappschuss« [engl. *snapshot*] schließen, sondern sie wird erst recht durch das Klickgeräusch einer mechanischen Kcamerablende beim Erzeugen von Screenshots nahegelegt – ein Geräusch, das auch ertönt, wenn man mit dem Smartphone ein Digitalfoto aufnimmt, obwohl in keinem dieser Fälle eine Blendenmechanik betätigt wird. So werden Digitalfotos und Screenshots durch das nachgestellte Geräusch äquivalent zu einer analogen Kamera gestaltet. Diese Gleichheit im Moment der Bilderzeugung wird beim Betrachten der Aufnahmen noch verstärkt: Der Zugriff auf meine Screenshots erfolgt standardmäßig durch dieselbe App, mit der auch alle meine Fotos verwaltet werden – und die sogar den Namen »Fotos« trägt. Obwohl Screenshots technisch vollkommen anders entstehen als Digitalfotos, werden sie demzufolge genauso behandelt wie Fotos, indem sie identisch beschrieben, im Moment der Erstellung akustisch als Fotos inszeniert und von der Archivierungssoftware als Fotos klassifiziert werden.

Was aber hat diese Annäherung an die Fotografie für Folgen? Zuerst einmal heißt das, dass man auch dem Screenshot dieselbe Beweiskraft attestiert, die der Fotografie lange Zeit zugeschrieben wurde. »Fotos liefern Beweismaterial«, sagt Susan Sontag: »Etwas, wovon wir gehört haben, woran wir aber zweifeln, scheint ›bestätigt‹, wenn man uns eine Fotografie davon zeigt. [...] Eine Fotografie gilt als unwiderleglicher Beweis dafür, dass ein bestimmtes Ereignis sich tatsächlich so abgespielt hat.«[40] Ebenso wie bei Dokumenten stellt die Beweiskraft der Fotografie jedoch ein technisch-kulturelles, ideologisches und institutionelles Konstrukt dar, wie Generationen von Theoretikern und Forschern immer wieder betont haben.[41] In der Tat legt bereits die Existenz der Unterkategorie »Dokumentarfotografie« nahe, dass die Beweiskraft der Fotografie nicht gleichmäßig über die verschiedenen Praktiken, Gattungen und Bildtypen verteilt ist. So meint »Dokumentarfotografie« ja nicht nur eine Tradition der ungeschönten Darstellung sozialer Realitäten mit dem Ziel eines gesellschaftlichen Wandels,[42] sondern wird vor allem auch in Abgrenzung zu anderen, mutmaßlich weniger »dokumentarischen« Kategorien (Werbefotografie, Kunstfotografie, Privatfotografie) begriffen. Behauptungen in Bezug auf die Wahrhaftigkeit von Fotos, ihre mechanistische Unpersönlichkeit und Objektivität oder ihre indexikalische Beziehung zum Bildinhalt (dies die drei »Realismen« der Fotografie, wie sie Slater[43] analysiert), waren nie hinreichend abgesichert, um Einwänden standzuhalten, denen zufolge jedes dieser Merkmale dazu führen kann, dass Fotografien manipuliert werden können und demnach als Wissensvermittler unzuverlässig sind.[44] Sofern die fotografische Beweiskraft also eher diskursiv konstruiert und weniger technisch inhärent ist, gilt dasselbe aber erst recht für Technologien und Bilder, die einige technische oder semiotische Merkmale der Fotografie aufweisen und – wie etwa der Screenshot – üblicherweise wie Fotos behandelt und angesehen werden.

Offenbar hat der Screenshot heutzutage die Fotografie als Objekt dessen verdrängt, was die Kommunikationswissenschaftlerin Cara Finnegan – in Anlehnung an die rhetorische Tradition – als »naturalistisches Enthymem« bezeichnet hat. So war die rhetorische Kraft des (prä-digitalen) Fotos laut Finnegan abhängig davon, dass sich die Betrachter von kulturspezifischen und weitgehend verborgenen Annahmen über seinen Charakter als einer Art visueller Argumentation leiten ließen (das versteht man unter einem Enthymem), allen voran von der Annahme, »dass Fotos ›wahr‹ oder ›real‹ sind, bis wir Grund zu Zweifeln bekommen.«[45] In jüngerer Zeit haben Finnegans Kollegen Damien Pfister und Carly Woods eine radikale Umkehr dieser Position formuliert. Sie argumentieren, dass eine zeitgenössische digitale visuelle Kultur durch ein »*un*naturalistisches Enthymem« gekennzeichnet sei – dies bestehe in der unausgesprochenen, weit verbreiteten Annahme, dass Fotos gerade *nicht* wahr oder real seien, da sie digital manipuliert sein könnten: »Wachsende Skepsis hinsichtlich der Glaubwürdigkeit von Bildern prägt den öffentlichen Diskurs zunehmend.«[46]

Der Screenshot scheint dieses Argument jedoch zu unterlaufen. Sosehr sich die öffentliche Meinung über den Wahrheitsgehalt von Fotos verändert haben mag, so sehr sollte man sich also davor hüten, unterschiedliche fotografische Praktiken und Genres auf einen Nenner zu bringen. Vielmehr gilt die Beobachtung, dass die Einstellungen gegenüber digitalen Bildern heutzutage nach wie vor unterschiedlich sind und man in vielen Zusammenhängen am »naturalistischen Enthymem« festhält. Weiterhin werden somit – wie zu Beginn des Essays erwähnt – unhinterfragte Behauptungen zu Beweiskraft und Realitätsgehalt leichtfertig und folgenschwer auf einen *originär digitalen* Bildtyp angewandt, nämlich auf den Screenshot. Diese Behauptungen werden zudem durch bestimmte Praktiken der Remediation verstärkt, die ihre Autorität nach wie vor aus der Fotografie beziehen – und das in einem Zeitalter, in dem der Fotografie von Pfister und Woods unterstellt wird, allgemein unzuverlässig zu sein.

Die Frage nach der Beweiskraft stellt aber lediglich eine Facette der fotografischen Verfasstheit von Screenshots dar. Eine weitere besteht in seiner Unbewegtheit im Verhältnis zur räumlichen und vor allem zeitlichen Veränderung der Welt. Die Fototheorie tendiert dazu, die statische Natur des fotografischen Bildes (anders als im Fall einer Zeichnung oder eines Gemäldes) weniger als semiotische und technische Konstruktion zu begreifen, die durch Markierungen auf einer bestimmten Art von Oberfläche erzeugt wird, sondern darin die Übernahme und Konservierung »eingefrorener« Zeitabschnitte zu sehen. Das Foto, so der Film- und Fototheoretiker André Bazin, »konserviert Zeit und errettet sie vor der ihr eigenen Vergänglichkeit«.[47]

Die Remediation von Unbewegtheit als einer »fotografischen« Eigenschaft des Screenshots ist im Diskurs vielfach evident.[48] Wie bei Fotos sprechen wir etwa davon, dass wir

Screenshots »aufnehmen« *(take)*, die wiederum Tweets, Snapchat-Bilder oder Ähnliches »einfangen« *(capture)* – praktisch alles, was jeweils auf unserem Bildschirm sichtbar ist und was wir in Bildform festhalten wollen, ehe es sich verändert. Die Remediation überträgt unausgesprochene Überzeugungen auf den Screenshot, wie etwa jene, das fotografisch »Erfasste« besitze gleichsam metaphysische Kräfte und sei ontologisch einzigartig: Teilweise scheint der Screenshot unbewegt sogar *kraft* seiner Fähigkeit, einen flüchtigen Vorgang festzuhalten und zu konservieren. Interessant ist dabei die Terminologie, die aufzeigt, dass Remediation nicht nur eine semiotische Aktivität ist, sondern auch ein diskursives und performatives Mittel, durch das Erwartungen und Praktiken von einem Medium auf ein anderes übertragen werden: So wie die Fotografie in großen Teilen der Fototheorie sowie umgangssprachlich als etwas verstanden wird, das von Zeit handelt, wird dieses »Handeln« an den Screenshot weitergegeben.[49]

Die Bedeutung des »Erfassens« beziehungsweise »Aufnehmens« wird noch klarer, wenn wir uns zwei andere englische Bezeichnungen für den Screenshot vor Augen halten. So gibt es *screen cap* als Kurzform für *screen capture*, womit das »Erfassen« des Bildschirms gemeint ist, was sich zugleich als Verb verwenden lässt *(to screen cap)*.[50] Ein anderer, weniger geläufiger Ausdruck für den Screenshot ist *screengrab* (etwa: Bildschirmgreifer). Das fotografische »Erfassen« fügt sich hier in die Ästhetik (und Haptik) von Zerstückelung, Übernahme und Verbreitung ein, was die Medientheoretikerin Theresa Senft der Webcam[51] sowie in jüngerer Zeit dem Selfie[52] zuschrieb und was von ihr ausdrücklich als ein »Greifen«

(grab) bezeichnet wird: »Nutzer Sozialer Medien erzeugen, konsumieren und verbreiten visuelles Material weder durch gezieltes Anschauen (wie im Fall eines Kinofilms) noch durch flüchtiges Hinsehen (wie im Fall eines Fernsehers, der irgendwo im Zimmer läuft), sondern auf eine zergliedernde und taktile Weise, die mir mittlerweile als ein Greifen erscheint.«[53] Wie ein Screenshot einen bestimmten Moment abgreift, ist er selbst – wie zuvor bei der Erörterung seiner Objekteigenschaften erwähnt – dazu angetan, abgegriffen zu werden.

Aber worauf greift der Screenshot zu? Hier kommt dem Vergleich mit der Fotografie noch größere Bedeutung zu. Ein wesentliches Merkmal von Fotos besteht darin, dass sie ein prä-fotografisches Sichtfeld wiedergeben (auch wenn dieses Feld, eine Verknüpfung von Objekten in Raum und Zeit, für das Foto speziell arrangiert oder gestellt wurde). In der gängigen Fotografie – gleichgültig ob analog oder digital – ist das prä-fotografische Sichtfeld etwas anderes als die verwendete Kamera oder das fotografische Aufnahmegerät. Im Gegensatz dazu wird beim Screenshot der dargestellte Inhalt des Gerätes selbst reproduziert. Das Foto »erfasst« ein Bild von der Welt, während der Screenshot ein Bild vom Gerät »erfasst«.[54]

Diese zweite Aussage muss näher erklärt werden. Der Screenshot ist selbstverständlich kein Bild vom internen technischen oder physischen Zustand des Computers oder Smartphones, von dem er aufgenommen wurde. Was der Screenshot »erfasst« und »abgreift«, sind vielmehr die auf dem Bildschirm zu einem bestimmten Zeitpunkt angezeigten visuellen Daten: Oberflächenelemente, Desktop/Startbildschirm-Hintergrund, offene Tabs, Fenster und Apps (samt ihrem Inhalt) sowie gelegentlich die Position des Cursors. Der

Screenshot unterbricht kurzzeitig und gezielt die sich ständig verändernden Bewegungen heutiger Bildschirme als »Verkehrsknoten für die in unserem sozialen Raum zirkulierenden Bilder«.[55] Darüber hinaus ist der Screenshot ein Bild vom Zustand des Geräts, wie es sich zur Betrachtung und Interaktion durch den Nutzer zeigt. Er konserviert einen Moment, den wir als *screenshape* bezeichnen könnten: das dynamische, kontingente, auf den Menschen ausgerichtete »Gesicht« des Gerätes, wie es auf dem Bildschirm erscheint.[56] Um die Analogie noch ein wenig auszuweiten, könnte man sagen, dass der Screenshot ein Selfie des Geräts darstellt.

Aber könnte der Screenshot mittels des Gerätes nicht auch ein Bild der Welt, zumindest *einer* Welt erfassen? Aus zwei Gründen würde ich argumentieren, dass er dies in der Tat kann und tut: Der erste hängt damit zusammen, dass auf den Screenshot eine andere fotografische Eigenschaft übertragen wird. So wird er als ein »Ausschnitt« verstanden, und diese Eigenschaft impliziert eine Welt jenseits des Rahmens, wobei letztlich sogar ethische Belange eine Rolle spielen (wie ich noch zeigen werde). Der zweite Grund betrifft die Leistung des Screenshots, eine bestimmte Art von Inhalt der Sozialen Medien und diese selbst als eine eigene Welt zu bezeugen.

Der fotografische Schnitt und die »Härte« des Screenshots

Wie schon erläutert, wiederholt der Screenshot die Unbeweglichkeit der fotografischen Abbildung. Das wird durch die Bezeichnungen *capture* (Erfassen) und *the grab* (Greifen) artikuliert und anschaulich gemacht. Die Idee vom »Ausschnitt« oder »Ausschneiden«, ebenso wie die semantisch verwandten englischen Ausdrücke *cropping* (Abschneiden), *incision* (Einschneiden), *excision* (Entfernen) – und schließlich auch *piercing* (Durchstechen) –, fügt nun auch dem Screenshot als einer Fotografie in neuem medialen Gewand wichtige zeitliche und räumliche Dimensionen und Wesensmerkmale hinzu.

In der klassischen Fototheorie verweist der Ausschnitt auf ein ganzes Feld von Beziehungen zwischen dem Bild und dem, was sich jenseits seines Rahmens befindet. Durch das Ausschneiden *(cut/crop)* eines ausgewählten Bereichs wird das Foto von der Welt separiert, wobei *durch* das entstandene Bild selbst immer auch auf die Existenz der Welt außerhalb des Bildraums hingewiesen wird. In räumlicher Hinsicht schließt der Ausschnitt also an den durch die Rahmenlinien erzeugten Prozess der gegenständlichen Abgrenzungen von etwas an, das nicht ausgewählt wurde. Der Ausschnitt beschwört sowohl die Idee des »Einschneidens in« als auch des »Ausscheidens aus« dem Zeitfluss. Der Philosoph Stanley Cavell plädiert in *The World Viewed* für einen ungebrochenen Seinszusammenhang des Fotos mit der Welt, die es abbildet, sowie mit der impliziten raum-zeitlichen Ausdehnung über diese Welt hinaus: »Die Kamera begrenzt, sie schneidet einen Teil aus einem unbegrenzt großen Feld aus. [...] Wenn ein Foto zugeschnitten wird, wird der Rest der Welt ausgeschnitten. Die implizite Präsenz dieses Restes der Welt und ihre ausdrückliche Ablehnung sind für die Erfahrung einer Fotografie ebenso wichtig wie das, was sie explizit präsentiert.«[57]

Auch der Filmtheoretiker Christian Metz beschreibt das bei der Auswahl eines Bildausschnitts bewusst ausgeschlossene »Off« (das räumlich außerhalb und zeitlich vor oder nach dem Bild liegt) als Abwesenheit, die innerhalb des Bildraums implizit eingeschlossen ist.[58] Doch für ihn ist dieser Vorgang gewaltsam, das Ausschneiden kommt seiner Ansicht nach dem Töten gleich: »Wie der Tod« sei der fotografische Schnappschuss »eine plötzliche Entführung des Objektes von der einen Welt in eine andere. [...] Fotografie ist ein Einschnitt in den Referenten, sie schneidet ein Stück von ihm heraus, ein Fragment, ein Teil des Objekts, und geht mit ihm auf eine lange Reise, ohne je zurückzukehren.«[59]

Während Cavell die Fotografie als Weg zur Welterschließung beschreibt, da die Betrachter in die dort abgebildete Welt verwickelt sind, versteht Metz sie als einen unumkehrbaren Akt der Besitznahme (»Entführung«), einen »Einschnitt« in das räumlich-zeitliche »Fleisch« der Welt, das zu einem »Ausschnitt« des Referenten führt. So erzeugt der fotografische Ausschnitt einen Stillstand, der sich gegen die Fülle, die Bewegung und die Lebendigkeit des anhaltenden Lebensflusses abgrenzt.[60]

Ähnliche Konzepte der Fotografie als eines Einschnitts in das raum-zeitliche Kontinuum der Welt wurden in jüngerer Zeit von Theoretikern der digitalen Medien aufgegriffen, und die daran anknüpfende Diskussion hat erhebliche Konsequenzen für unser Verständnis des Screenshots, da es die zuvor angeführten Überlegungen zur digitalen Unveränderlichkeit und Fluidität signifikant bereichert. Beispielsweise merken die Bildwissenschaftler Ingrid Hoelzl und Rémi Marie in einem Essay über das digitale Bild an: »Es ist gerade der Bildausschnitt, der die Unendlichkeit jenseits des Bildraums als Gegenstück zum sich im Bild befindlichen Objekt ausmacht. […] Das Foto ist ein unvollständiges Objekt, das permanent auf sein abwesendes Gegenstück verweist.«[61] Sie stellen dem traditionellen fotografischen Bildausschnitt den der »erweiterten Fotografie« gegenüber – also der heute gängigen Bildbearbeitung, »die mittels digitaler Montage, Collage, Animation und Loop-Technik die räumlichen und zeitlichen Grenzen der Fotografie überschreitet«. Sie werde vom »Wunsch nach Unendlichkeit« geleitet und versuche, die Grenzenlosigkeit von Raum und Zeit im fotografischen Bild anschaulich zu machen.[62] Durch die Integration von Bewegung und dank digital zusammengefügter Räume beraubt die erweiterte Fotografie das Foto seiner »Ob-szönität im ursprünglichen Sinne, also seinem Verweis auf das, was sich jenseits des Geschehens, ›off scene‹ befindet«.[63] Interessanterweise schwingt bei dieser Analyse latent eine Kritik an der digitalen Bildbearbeitung mit: Die Autorinnen erklären, dass die »erweiterte Fotografie« aus einem »begrenzten Verständnis der Fotografie« resultiere,[64] während die traditionelle Fotografie die Fähigkeit besitze, wie eine echte Welt anzumuten. Das ist ein durchaus überraschendes Eingeständnis in einem Werk, das – wie auch jenes von Manovich – den Tod des statischen Bildes propagiert, der auf den technischen Wandel zurückzuführen ist und durch den das »fotografische Paradigma« überwunden wird. Kurz gefasst betonen Hoelzl und Marie: »Was eine solide Repräsentation einer soliden Welt sein sollte, die auf dem Prinzip der geometrischen Projektion (unser Betriebsmodus seit Jahrhunderten) basiert, ein *hard image* sozusagen, offenbart sich als etwas ganz anderes, rundum Anpassungsfähiges, das durch und durch mit der Software verschmolzen ist: ein *softimage*«.[65]

Selbstverständlich könnte man einwenden, dass die Fotografie als *hard image* doch nie ganz so »hart« oder »fest« war, man denke nur an die unterschiedlichen Abzüge, die man von ein und demselben Bildnegativ herstellen konnte. Zudem ist das Foto als *hard image* in der digitalen Kultur keineswegs verschwunden. In der Tat bleibt die Verarbeitung und Herstellung von *hard images* (am geläufigsten sind Ausdrucke) sogar aus *soften* Computeranwendungen gängige fotografische Praxis[66] – ungeachtet anhaltender Bedenken hinsichtlich der Manipulierbarkeit und Vergänglichkeit von Bildern (die auch schon angesichts der traditionellen Fotografie artikuliert wurden). Tatsächlich hat die digitale Kultur aber bereits aus dem Wesen des *softimages* heraus ein neues *hard image* geschaffen, denn was ist der Screenshot, wenn nicht eine »harte« Abbildung eines ihm zugrundeliegenden *softimages*? Hält der Screenshot nicht das im Moment unbewegte, von unseren Digitalbildschirmen erzeugte Bild fest, das (im technischen Sinne) eigentlich gar nicht unbewegt ist, sondern eine optische Illusion, die durch ein in ständiger Bewegung befindliches elektronisches Signal entsteht? Gerade weil der Screenshot so allgegenwärtig und unscheinbar ist, beweist dieses rechteckige, scharfkantige,

autarke Instrument zur Abbildung fotografischer Unveränderlichkeit in neuem medialen Gewand, wie viel Härte und
Festigkeit Bilder selbst in der Bildschirmgesellschaft – der
»society of the screen«, von der Manovich sprach – aufweisen müssen.[67]

Während sich Hoelzl und Marie in ihrer Auseinanderset-
zung mit der Terminologie des Ausschnitts dem Verhältnis
von Unveränderlichkeit (*fixity*) und Beweglichkeit (*flux*),
hard photographs und *softimages* widmen, schlagen Sarah
Kember und Joanna Zylinska vor, von einem »differenzie-
renden Schneiden« (*differential cutting*) oder »guten Schneiden« (*cutting well*) zu sprechen. Zum einen bieten sie eine
alternative Sichtweise auf die *flux/fixity*-Dichotomie, die
Pole von Beweglichkeit und Unveränderlichkeit, indem sie
Medialisierung in Anlehnung an eine philosophische Tradition definieren, in der die Beziehungen zwischen Mensch
und Technik als lebendige und notwendige Prozesse von
Werden, Hervorbringen und Schöpfen herausgestellt werden (insbesondere durch Henri Bergson, Gilles Deleuze und
bis zu einem gewissen Grad auch Martin Heidegger): »Die
Medialisierung ist der ursprüngliche Prozess der Medien-
entstehung, wobei einzelne Medien als (kontinuierliche)
Stabilisierung des Medienflusses angesehen werden […]
Die Medien müssen jeweils als Inszenierungen von Technik
(*tékhne*) oder als temporäre Fixierungen (*fixings*) von technologischen und anderen Formen des Werdens wahrgenommen werden.«[68]

Die Unterscheidung von Unveränderlichkeit und Beweglichkeit ist somit falsch konzipiert, wenn sie die spezifischen
Gegensätze von Medien (Fotografie/Bewegtbild), Medien-

technologien (analog/digital) oder Medienzeitalter (alt/
neu) isomorph überlagert: Es gibt Medialisierung und dabei
historisch, technisch und kulturell jeweils unterschiedliche
Ausprägungen davon in Form bestimmter Medien, Genres
und Artefakte. Zum anderen aber werden diese Fixierungen
(fixings) zwangsläufig von Unregelmäßigkeiten und Unter-
brechungen in den Medialisierungsprozessen begleitet, die
von den Autorinnen als Schneiden (cutting) oder Schnitt
(cut) bezeichnet werden. Zwar ist das Schneiden bei sämt-
lichen Medialisierungspraktiken gebräuchlich – nicht nur in
der Fotografie, sondern auch in der Filmproduktion, in der
Bildhauerei, beim Schreiben oder bei jeder anderen technischen Praxis. Immerhin wird dabei jeweils Material transfor-
miert und gestaltet und Zeitlichkeit reguliert. Kember und
Zylinska legen allerdings nahe, dass die Fotografie dafür ein
besonders gutes Beispiel darstellt. Das Schneiden oder Ausschneiden ist also nicht nur spezifisch für ein bestimmtes
Medium oder eine sozialhistorische Praxis – und insofern
werden digitale softimages ebenfalls [aus]geschnitten, da
sie Material und Zeit organisieren, wenn auch möglicherweise auf eine andere Art als Fotografien das tun. Dem
Schneiden sind dabei sowohl ontologische als auch ethische
Dimensionen zu eigen: Es unterteilt den Lauf der Welt in
Einheiten, aber es handelt sich auch um »einen Akt der Ent-
scheidung im Hinblick darauf, wo die Grenzen dieser Einheiten liegen«.[69]

Durch die Kluft zwischen Fotografien als Medienobjekten
und der Fotografie als Praxis einer Medialisierung, die
das Vergehen der Zeit erfassen will, aber daran scheitert,

wird ein ethischer Imperativ sichtbar. Er beinhaltet die Forderung, bei Bedarf Schnitte vorzunehmen, ohne dabei die zeitliche Dauer der Dinge zu vergessen. Anstatt also auf eine Technik reduziert zu werden, welche die instabile und sich in Bewegung befindende Welt nur falsch wiedergibt, kann die Fotografie auch als helfende Hand bei der Bewältigung von Zeit und Dauer betrachtet werden.[70]

Dies ist freilich ein weniger eingeschränktes Verständnis des fotografischen Ausschnitts sowie von Medialisierung und Medien im Allgemeinen als Hoelzls und Maries Konzentration auf einen umfassenden technologischen Wandel. Und im Gegensatz zu Metz' Assoziation des fotografischen Ausschnitts mit dem Tod, mit dem gewaltsamen Herausschneiden aus der Zeitlichkeit, die sich nur vor dem Hintergrund der fortlaufenden Veränderung wahrnehmen lässt, erscheint der fotografische Ausschnitt bei Kember und Zylinska dank ihrer komplexeren Begrifflichkeit als eine geradezu ethische und poetische Errungenschaft, mit deren Hilfe wir den Lauf der Welt zu »bewältigen« vermögen.

Wenn wir den Screenshot als eine Praxis des Ausschneidens im Sinne von Kember und Zylinska betrachten, sollten wir allerdings auch noch etwas genauer auf die »Welt« eingehen, die ein derartiges Ausschneiden überhaupt erst möglich macht und sogar dazu anregt. Darüber hinaus stellt sich die Frage, wie der Screenshot dazu beitragen kann, den zeitlichen Verlauf dieser Welt zu bewältigen – und dies nicht nur im ganz praktischen Sinne eines »Organisierens«, sondern auch grundsätzlicher im Sinne eines »Beherrschens«. Wir müssen verstehen, wie der Screenshot das, was er darstellt, als weltähnlich wiedergibt, und vor allem, wie er diese Welt als etwas konstruiert und offenbart, das sich überhaupt bezeugen lässt.

Soziale Medien als Welten, die sich bezeugen lassen

Wie wir schon festgestellt haben, erfasst der Screenshot ein Bild von einem Gerät zu einem bestimmten Zeitpunkt – aber nicht vom inneren Zustand des Gerätes, sondern vom Bildschirm. Der Screenshot ist ein Bild der sogenannten Benutzeroberfläche, wo die Interaktion mit dem Nutzer stattfindet. Hier stoßen wir auf eine wichtige Einschränkung: Der Screenshot *kann* auf vielfältige Weise welterschließend sein – je nachdem, was sich bei der Aufnahme auf dem Bildschirm befindet und was dies über die Wahrnehmung, die Intentionen und Wünsche derer aussagt, die das Bild erzeugen. Doch nicht jeder Screenshot erzeugt auf die gleiche Weise einen Ausschnitt, nicht jeder Screenshot erschließt dieselbe Art von Welt. Erinnern wir uns an den eingangs behandelten Screenshot vom Tweet Donald Trumps. Das war nicht nur der Ausschnitt einer flüchtigen, sich verändernden Bildschirmlandschaft des digitalen Gerätes irgendeiner Person. Es war auch der Ausschnitt aus dem zeitlichen Fluss bei Twitter als einem System von Datenströmen, die eine Vielzahl von Geräten und Menschen miteinander verbinden. Somit macht der Screenshot mehr, als lediglich einen Moment in einem bestimmten Feed auf einem Gerät festzuhalten. Und er umfasst mehr als nur die *private* »Welt« eines einzelnen Nutzers, auf die sich aus dem zu einem bestimmten Zeitpunkt konservierten Inhalt seines Bildschirms schließen lässt.[71] Vielmehr repräsentiert der Screenshot auch Twitter selbst, also eine kollektiv genutzte Plattform, die sich durch ihre Reichweite und zahlreichen Verknüpfungen permanent verändert. Der Screenshot fängt demnach nicht nur den Tweet ein, sondern hält gleichzeitig das umfassende Treiben auf Twitter als einer Welt fest, die sich bezeugen lässt. Der Screenshot macht den Tweet zugleich zu einer Botschaft innerhalb dieser und über diese Welt.

Doch was bedeutet *bezeugbar*, wie lässt sich eine Welt bezeugen? Der Medienhistoriker John Durham Peters sprach in diesem Zusammenhang von »zwei Seiten« der Zeugenschaft, nämlich einerseits einer »Erfahrung«, die andererseits in einen »Diskurs« für diejenigen umgewandelt werden muss, die bei einem Ereignis räumlich oder zeitlich nicht anwesend waren. So macht erst die Möglichkeit, bei einem Ereignis absolut »abwesend« zu sein, ein Bezeugen sowohl möglich als auch notwendig: »Bei einer Zeugenaussage handelt es sich um den Diskurs eines anderen, dessen Universum aus Referenzen und Bezügen von meinem eigenen abweicht.«[72] Der raum-zeitliche Rahmen eines solchen »Universums von Referenzen und Bezügen« muss jedoch zweierlei unmöglich machen: zum einen die Umkehrbarkeit der Zeit und zum anderen die Gleichzeitigkeit vollkommen identischer Punkte im Raum. Wenn die Welt, in der wir leben, es mir erlauben würde, zeitlich und räumlich genau die gleiche Position wie eine andere Person einzunehmen, dann wäre eine Zeugenschaft überflüssig. Etwas zu bezeugen heißt, diese *Nicht-Identität*, also die Unterscheidung des eigenen Standorts von den Standorten der anderen, zu einer Konstante der bezeugten Welt zu machen – das ist eine grundlegende Struktur, die von allen, die zu dieser Welt gehören, geteilt und mutmaßlich auch erkannt wird. Solche bezeugbaren Welten ähneln somit den zeitlichen und räumlichen Strukturen der physischen Existenz. Aufgrund der Nicht-Übereinstimmung mit anderen fungiert die Zeugenschaft als kommunikative Praxis, die – wenn auch nie vollständig, sondern nur unvollkommen – unterschiedliche Positionen miteinander verbindet.

Soziale Netzwerksysteme stellen erlebbare und bezeugbare Welten dar, da sie diese kommunikative Praxis über nicht-identische Orte hinweg ermöglichen. Kommunikation in den Sozialen Medien erfolgt über »beständige Kanäle« *(persistent channels)*, die permanent verfügbar sind. Damit ist nicht gemeint, dass der Kanal nur zur Verfügung steht, sobald ein Nutzer dies wünscht, sondern dass er auch dann in Betrieb ist, wenn ein einzelner Nutzer nicht online oder aktiv ist. Diese permanente Verfügbarkeit der Kommunikationskanäle wird in den Sozialen Medien durch Indikatoren sichtbar gemacht, die auf unsere Präsenz in den Netzwerken verweisen – zum Beispiel indem unser Verbindungsstatus stets und in Echtzeit angezeigt wird. Wir erfahren also die Dauerverfügbarkeit des Kanals durch Marker, die sowohl unsere Anwesenheit als auch unsere Abwesenheit sichtbar machen. Andere können sehen, wenn ich auf Facebook online (oder eben offline) bin oder wann ich bei WhatsApp etwas zuletzt gelesen habe. Auch Metadaten stellen solche Marker dar, ist doch erkennbar, wann einzelne Posts und die Antworten darauf verfasst wurden.

Die fortdauernde Verfügbarkeit von Social-Media-Plattformen ermöglicht eine gemeinsame Zeiterfahrung (einschließlich der gleichzeitigen Existenz in der Zeit), die Unterscheidung von Zeitabschnitten mit linearer Chronologie sowie die Unterteilung in die wesentlichen Zeitformen Vergangenheit, Gegenwart und Zukunft. Diese Merkmale entsprechen den zeitlichen Strukturen der Offline-Welt, wenngleich sie diese nicht vollständig simulieren. Außerdem nähern sie sich einem traditionellen Aspekt der Live-Übertragung an: Soziale Medien sind insofern live, als sie parallel zur Echtzeit bestehen und sich verändern. Das zeitliche Gefüge Sozialer Medien unterscheidet sich in wichtigen Punkten jedoch auch vom Live-Charakter traditioneller Massenmedien wie dem Radio und Fernsehen. So geht das »Live« der Sozialen Medien nicht mit der kollektiven Erfahrung von zentral produzierten und autorisierten Inhalten einher, die potenziell alle Mitglieder einer Gesellschaft gemeinsam empfangen können und dies auch gelegentlich tun (zum Beispiel bei Fußballspielen); vielmehr hat man es mit einem zum Teil höchst unterschiedlichen Erleben der vermeintlich selben Inhalte zu tun, abhängig von den Eigenschaften des jeweiligen Netzwerks der einzelnen Teilnehmer und den Algorithmen, die ihren personalisierten Profilen zugrunde liegen. Der Kommunikationswissenschaftler Nick Couldry spricht daher von einem »gruppenbezogenen Live« (group liveness),[73] das stark von den semi-koordinierten individuellen Netz-Praktiken – dem Posten, Hochladen, Weiterleiten und Reagieren –, aber auch von der Verbreitung durch technisch vermittelte Verbindungen zwischen den Teilnehmern abhängig ist, die sowohl Anwesenheit als auch Abwesenheit der Beteiligten des Systems registrieren. Diese fortwährenden Praktiken – wie Trumps »covfefe«-Tweet – erzeugen die Ereignisse in den Sozialen Medien und machen ihr Erleben möglich. Und solche Ereignisse lassen sich durch Screenshots bezeugen, denn es könnte ja sein, dass ich sie nicht miterlebe, ja, dass ich sie verpasse, weil ich im Moment des Geschehens zufällig gerade nicht auf Twitter oder Facebook aktiv bin.

Da die Sozialen Medien eine kontinuierlich erleb- und damit bezeugbare Welt herstellen, bieten sie auch einen gemeinsamen Erlebnisraum, der als virtueller Ersatz für das Gemeinschaftsempfinden im physischen Raum dient. Genauso wie im physischen Raum können wir auch den Raum der Sozialen Medien gemeinsam nutzen, jedoch nicht zur gleichen Zeit identische Punkte dieses Raumes belegen: Jeder ist ein fester Körper an einer bestimmten Stelle – und ich kann mich nicht an exakt der gleichen Stelle aufhalten, es sei denn, ich bringe einen anderen dazu, sich wegzubewegen. Aufgrund der Verschiedenartigkeit Sozialer Netzwerke und der je eigenen Geschichten und Perspektiven der Nutzer verhält es sich etwa bei Facebook ganz ähnlich: Verschiedene Nutzer verwenden die Plattform zwar gemeinschaftlich, aber innerhalb der Plattform können sie sich nicht an derselben Stelle befinden. Der Raum solcher Sozialen Netzwerke ist vielgestaltig: Es gibt unzählige Orte, an denen ich nicht sein werde, während dort etwas gepostet wird. Nochmal: Genau dies schafft immer wieder Anlässe dafür, etwas mit Hilfe von Werkzeugen wie dem Screenshot zu bezeugen. Mit Screenshots können Ereignisse in den Sozialen Netzwerken für all diejenigen dokumentiert werden, die jeweils nicht »anwesend« waren.

Diese zeitlichen und räumlichen Merkmale Sozialer Netzwerksysteme machen sie zu bezeugbaren Welten: fortwährenden gemeinsamen Erfahrungsräumen, in denen man anwesend oder abwesend sein kann. Worin besteht nun aber Zeugenschaft in den Sozialen Medien – und warum ist der Screenshot dabei so bedeutsam? Zeugenschaft abzulegen bedeutet, etwas zum »Ereignis« zu deklarieren, das in einem bestimmten Moment auf dem Bildschirm meines Gerätes erscheint und das auf die Bildschirme anderer übermittelt werden kann oder soll. Unabhängig davon, ob es sich dabei um etwas handelt, das ich selbst poste, oder um etwas, das ich in meinem Feed sehe: Das »Wann und Wo« des Ereignisses in Zeit und Raum »passiert« auf meinem Bildschirm.

Die Idee dieser bildschirmbasierten Ereignishaftigkeit knüpft an eine wichtige Unterscheidung an, die im Diskurs über die Bezeugung als Kulturtechnik häufig angeführt wird, verkompliziert sie aber auch. Ich meine die Unterscheidung zwischen einer auf Beobachtung basierten Zeugenschaft, die darauf abzielt, anderen detailliert, präzise und »objektiv« Bericht zu erstatten, und einer auf Empfindung basierten Zeugenschaft, bei der die emotionale Intensität des subjektiven Erlebens sowie die absolute Unmöglichkeit einer adäquaten Darstellung dieser Erfahrung als Diskurs betont wird. In einem wichtigen Diskussionsbeitrag zur Entstehung von Zeugenschaft im Kontext moderner Kriegführung hat sich der Philosoph Yuval Noah Harari[74] mit diesen beiden Formen beschäftigt. Die Erstere, die vermeintlich objektive Bezeugung oder Berichterstattung, nennt er recht konventionell »Augenzeugenschaft« *(eye-witnessing)* (ich war dabei, das habe ich gesehen, nun weißt du es). Die Bezeugung des subjektiven Erlebens nennt er hingegen (im Sinne von: etwas am eigenen Leib zu erfahren) »Leibzeugenschaft« *(flesh-witnessing)* (ich war dabei, das habe ich empfunden, aber das wirst du nie genau wissen).

Während sich beide Formen von Zeugenschaft durch Screenshots ausdrücken lassen, konfrontieren uns Screenshots von Sozialen Medien darüber hinaus mit einer dritten Form der Zeugenschaft. Sie entstand mit der Herausbildung moderner visueller und audiovisueller Medien: Ich nenne sie »Welt-Zeugenschaft« und meine damit, dass heutige Medien nicht nur durch die Vermittlung »objektiver« Informationen oder »subjektiver« Erfahrungen etwas bezeugen, sondern auch dadurch, dass sie zugleich und ganz selbstverständlich reale Welten vergegenwärtigen – oder zumindest solche Welten, die von den Betrachtern *allgemein* als real *interpretiert* werden. Der Screenshot stellt das Soziale Netzwerk als tatsächlich erleb- und bezeugbare Welt dar, die nicht nur im übertragenen Sinne, sondern ganz direkt mit der physischen Welt verbunden ist. Der Screenshot präsentiert sich als Spur dieser Welt, während sie sich entfaltet und als Bildschirmlandschaft Gestalt annimmt. Der Screenshot unterscheidet sich nicht gegenüber dem, was in seinem Bildraum erscheint, dabei imitiert er den »referentiellen Überschuss« *(referential excess)* – John Berger sprach von »schwacher Intentionalität« *(weak intentionality)* – des analogen Fotos. Das heißt, es befindet sich immer mehr im Bild als ursprünglich gewollt; es gibt immer Details, die in keinerlei Zusammenhang mit der Intention des Fotografen stehen, aber doch aussagekräftig und interpretierbar sind. Das gilt auch für den Screenshot: Erinnern wir uns an Trumps »covfefe«-Tweet, wo der Screenshot nicht nur den Tweet selbst, sondern auch die zunächst irrelevanten Details auf der Twitter-Oberfläche zeigt. Zugleich präsentiert er einen spezifischen Blickwinkel auf diese Welt: Was auf *meinem* Bildschirm – in *meinen* Twitter- oder Facebook-Feeds – erscheint, ist nicht identisch mit dem, was auf *anderen* Bildschirmen oder Feeds angezeigt wird. Somit ist der Screenshot als Instrument für Zeugenschaft nicht einfach nur eine Technik zur Aufzeichnung oder Konservierung. Vielmehr ist er ein Dokument, dem die Einsicht zugrunde liegt, dass unsere eigene Bildschirmlandschaft, unsere gerätespezifische Interaktion mit den Sozialen Medien als einer bevölkerten Welt auf anderen Bildschirmen erhalten und verbreitet werden sollte. Daher ist der Screenshot eine Technik, mit der man gute (aber auch schlechte) Ausschnitte einer Welt erstellen kann, die sich stets in Aktion und im Wandel befindet.

»Melde dich bei mir, mein Liebling«

Die tiefgreifenden ethischen und ontologischen Herausforderungen sowohl des Screenshots als eines Instruments zur Welterschließung wie auch der Sozialen Medien als erleb- und bezeugbarer Welten, die untrennbar und grundsätzlich mit der physischen Existenz in Raum und Zeit verknüpft sind, treten besonders deutlich in extremen Krisenmomenten oder »Grenzsituationen« zutage – in jenen potenziell lebensentscheidenden Augenblicken, in denen die Bedingungen und Umstände unserer digitalen Existenz »wesentlich erfahrbar sind und unsere Sicherheit erschüttert wird«,[75] ja, in denen sich die Verletzlichkeit des Lebens unerträglich bemerkbar macht.

Die Abbildung 3 zeigt die Titelseite der Printausgabe von *Yedioth Ahronoth*, einer der auflagenstärksten hebräischen Tageszeitungen Israels, vom Montag, den 9. Januar 2017.

Im Leitartikel geht es um einen Vorfall vom Tag zuvor. Ein palästinensischer Autofahrer war mit seinem Lieferwagen in eine Gruppe von Soldatinnen und Soldaten gefahren, die gerade an einer beliebten Promenade in Jerusalem aus dem Bus stiegen. Dabei wurden vier von ihnen getötet. Statt einer regulären Überschrift wird die gesamte obere Hälfte der Seite durch einen Screenshot vom Smartphone der Mutter einer der getöteten Soldatinnen, Shir Hajaj, eingenommen. Der Screenshot zeigt ihren WhatsApp-Messenger und – wie die Bildunterschrift informiert – »die letzte Nachricht von Shirs Mutter an ihre Tochter«. Die Textzeilen in diesem Screenshot beginnen mit dem Namen der kontaktierten Person, darunter der Name »Shiri«, mit ihrem WhatsApp-Profilbild und der –

3: Titelseite der Printausgabe von Yedioth Ahronoth vom 9.1.2017

jedem, der diese App benutzt, wohlbekannten – Statusinformation: »Zuletzt gesehen heute um 12:39 Uhr«.[76] Darauf folgen zwei Nachrichten, die zugleich die Hauptüberschrift bilden:

> Shiri, melde dich dringend bei mir 13:47
> Mein Liebling [wörtlich: »Mein Leben«],
> melde dich bei mir 16:46

Hinter beiden Zeilen sind zwei graue Häkchen zu sehen.

Dieser Screenshot ist nichts weniger als das, was Barbie Zelizer ein *about to die*-Bild nannte[77] – ein Foto kurz vor dem Tod. Dabei handelt es sich um ein Genre, das sich traditionell auf die Fotografie bezieht und zwischen dem Foto als Beweismittel – dem »es ist so gewesen« – und dem Foto als Möglichkeitsraum – dem »so könnte es gewesen sein« – pendelt. Der Screenshot ist poetisch im Sinne von Roman Jakobson,[78] da er die materielle Greifbarkeit von Zeichen hervorhebt, jedoch auch im Sinne von Giorgio Agambens[79] Verständnis von *Poesis* als einer Offenbarung und Enthüllung, die unerwartet (und gewaltsam) mit den Bedingungen der Existenz konfrontiert. Die poetische Kraft des Screenshots in *Yedioth Ahronoth* beruht zum Teil auf der tragischen Ironie einer alltäglichen Redewendung. »Mein Leben« – im Hebräischen ein gebräuchlicher Kosename in bestimmten sozialen Gruppen, insbesondere zwischen Eltern und Kindern – bekommt hier eine erschreckend wörtliche Bedeutung – und wird zur Frage: Du bist mein Leben, aber bist du denn auch am Leben? Ein Großteil der poetischen Kraft entsteht jedoch durch die im

Screenshot sichtbaren üblichen Social-Media-Anwendungen und Funktionsweisen, wie beispielsweise die Statusanzeigen – und ihre plötzlich ganz andere Bedeutung. Die Wendung »zuletzt gesehen« sowie der Ausdruck »heute« anstelle eines einfachen Datums beschwören eine gemeinsam erlebte Zeit, nur um sie in den grausamen Abgrund der unwiederbringlichen Vergangenheit zu stoßen.[80]

Vor allem die beiden erkennbaren Häkchen und ihre verräterische graue Farbe zeigen, dass die Nachricht zwar gesendet, jedoch über die App nicht gelesen wurde – sonst wären die Häkchen blau –, weil der Empfänger entweder nicht mehr online oder nicht mehr am Leben ist, sodass diese Zeilen ihren Adressaten nie erreichen werden.[81] Die durch den Ausschnitt des Screenshots aus dem Verlauf der WhatsApp-Oberfläche übernommenen, ganz gewöhnlichen Zeichen sozialer Kommunikation, die normalerweise Auskunft darüber geben, dass das System funktioniert, werden plötzlich zu etwas weitaus Ernsterem. Unerhebliche Details, zufällige Marginalien, die den Hauptinhalt der Nachricht der Mutter begleiten, sowie die beiden Häkchen in der falschen Farbe erzeugen ein bedrohliches Störgeräusch im sonst geräuschlosen Funktionieren des Kommunikationskanals.[82] Die Häkchen sind wie eine Wunde; sie markieren die Oberfläche des Sozialen Netzwerks als einen Ort von Leben und Tod, was den Betrachter wie mit einer scharfen Klinge trifft. Diese Häkchen sind das zufällige Element, das – in den berühmten Worten von Roland Barthes – »wie ein Pfeil aus seinem Zusammenhang hervor[schießt], um mich zu durchbohren«.[83] Sie bilden das *punctum* des Screenshots.[84] Dieser ist in vielerlei Hinsicht ein *hard image*, etwa deshalb, weil er »*mich besticht* (mich aber auch verwundet, trifft)«.[85] Hart ist er aber auch, weil er nicht nur den ständigen Fluss »weicher« digitaler Prozesse, sondern ebenso den Abbruch der Verbindung innerhalb der von ihm dargestellten vermittelten Welt festhält. Er macht die »große Unterbrechung« (grand interruption) durch den Tod sichtbar.[86] Der Screenshot ist schließlich auch *hart*, weil er nicht nur die vermittelte Welt vergegenwärtigt, sondern zugleich die Zerstörung ganzer Welten offenbart: etwa jener von Shir und ihrer Mutter.[87]

Zweifellos gibt es biografische Faktoren oder andere Kontexte, die die besondere emotionale Resonanz einzelner Betrachter auf diese Häkchen und diesen Screenshot erklären: die kulturelle Nähe zu den Getöteten, ein weit verbreiteter (wenngleich keineswegs singulärer) israelischer Diskurs, der Soldaten als »unsere Kinder« begreift, oder eine Affinität für die Elternrolle von Shirs Mutter. Menschen, die weniger persönlich betroffen sind oder gar auf der anderen Seite des israelisch-palästinensischen Konflikts stehen, mögen etwas ganz anderes empfinden. Obwohl sich die affektive Intensität dieses speziellen Screenshots nicht verallgemeinern lässt, verleiht ihm seine Funktion als eine Art Dokument sowie als Fotografie in neuer medialer Gestalt welterschließende – und weltzerstörende – Kraft. Digitale Netzwerke und Geräte haben sich verbreitet, und wir haben uns daran gewöhnt, dass sie unser Leben durchdringen und dass die alltäglichen Interaktionen und Körperbewegungen in Echtzeit wahrgenommen werden können. Das führt dazu, dass Symbole wie die Häkchen – auf einem Screenshot ins Bild gefasst – nicht mehr einfach nur Kürzel für die Übertragung von Nachrichten oder die Erfüllung von Aufgaben darstellen: Sie spielen nunmehr die existenzielle Rolle von »Lebensindikatoren« oder sind, um einen passenden Ausdruck aus der Medizin zu verwenden, »Lebenszeichen«.

W. J. T. Mitchell verwendet diesen Terminus, um für eine Berücksichtigung der »vielfachen Formen von Belebtheit oder Vitalität« zu plädieren, »die Bildern zugeschrieben werden [...] und die sie zu ›Lebenszeichen‹ machen«. »Damit meine ich, dass sie nicht bloß als Lebenszeichen *für* Lebewesen fungieren, sondern dass sie vielmehr *als* Lebewesen auftreten.«[88] Die Häkchen in diesem Screenshot sind aber noch in zwei weiteren sich überschneidenden Hinsichten lebendig. Sie sind Zeichen *des Lebens an sich* als einem (fragilen, endlichen) Zustand, der durch technische Infrastrukturen und kulturelle Konventionen gekennzeichnet ist, die unsere permanente Anwesenheit suggerieren. Und sie sind lebendig, wie auch einige unserer Organe lebendig sind: Sie sind notwendig und entscheidend für das Funktionieren eines Organismus. Darüber hinaus stehen die Häkchen für eine allgemeinere Kategorie von Lebenszeichen, zu denen alle multisensorischen Zeichen unserer elektronischen Geräte gehören, die den Verbindungsstatus anzeigen.[89] Wir tragen diese Geräte mit uns herum, sie befinden sich dicht an unserem Körper, häufig in direktem, sinnlich wahrnehmbarem Kontakt mit unserer Kleidung oder Haut.

Stellen Sie sich Shirs Mutter vor, die nicht nur die Häkchen sieht, sondern zudem darauf wartet, dass ihr Smartphone vibriert oder durch einen Signalton meldet, dass eine Nachricht von ihrer Tochter eingegangen ist. Stellen Sie sich vor, wie aufgewühlt, hoffnungsvoll, enttäuscht, zunehmend panisch, voller Verzweiflung sie auf andere Nachrichten reagiert –

sowohl vom Gerät selbst (zum Beispiel wegen einer Terminerinnerung) als auch von anderen Menschen (von denen einige möglicherweise ihre wachsende Sorge teilen) –, die ihre Aufmerksamkeit erregen, während sie auf eine Antwort von Shir wartet. Stellen Sie sich vor, wie sie möglicherweise ein »Phantom-Vibrationssyndrom« entwickelt – die irrtümliche Wahrnehmung einer Vibration, die gar nicht existiert –, während sie immer länger und schließlich endlos auf jenes eine Zeichen wartet, das für sie wirklich lebendig, von lebenswichtiger Bedeutung ist: eine Antwort von Shir.

Die Lebenszeichen unserer Digitalgeräte als nahezu permanenter Begleiter *vergegenwärtigen* andere Menschen intensiver als vielleicht jemals zuvor. Tragischerweise steht die Lebendigkeit dieser Zeichen meist nur dann im Vordergrund, wenn es – wie in diesem Beispiel – zu einem Verbindungsabbruch kommt. Dass der Screenshot diesen Zustand erfasst und bezeugt, beweist, wie eng Soziale Medien und mobile Kommunikationstechnologien mit unserer Existenz verflochten sind. Daher sind sie weit mehr als bloß neue Infrastrukturen für die Verbreitung von Nachrichten oder die Pflege sozialer Beziehungen. In ihnen werden Leben und Tod vermittelt, erlebt, bezeugt und offengelegt. Denn wenn wir, wie Mark Deuze argumentiert, heute »in« den Medien leben und nicht nur mit ihnen, so sterben wir demzufolge auch darin. Wir loggen uns rittlings über dem Grabe ein. Der Tag erglänzt einen Augenblick und dann von neuem die Nacht.[90]

Anmerkungen

1 Richard Lanham 1993.
2 Der Verzicht auf Legenden scheint sich in vielen Nachrichtenredaktionen durchgesetzt zu haben, wenngleich es Ausnahmen gibt. In einem ebenfalls am 31. Mai 2017 in der *New York Times* veröffentlichten Artikel war ein Screenshot von Trumps Tweet beschriftet mit: »An image of President Trump's Twitter account«.
3 Lev Manovich 2013, S. 33–34.
4 Siehe dazu die Betrachtungen von Marshall Berman 1983 und Stephen Kern 1983 sowie die spätere Arbeit von Zygmunt Bauman 2003 zum zusehends »verflüssigten« *(liquid)* Charakters des modernen Gesellschaftslebens.
5 Raymond Williams 1990 [1975].
6 Die offensichtlich unbekümmerte Assoziation von Atomen mit Beständigkeit dürfte unter Physikern ebenfalls gewisse Verwunderung auslösen.
7 Lisa Gitelman 2014.
8 David M. Levy 2001, S. 37.
9 Lev Manovich 2013, S. 33.
10 Michael Buckland 1998.
11 Helena Francke 2005; Niels Windfeld Lund 2010.
12 Michael Buckland 2014, S. 180.
13 Ebd.
14 Suzanne Briet 2006 [1951].
15 Eine detaillierte Beschreibung von Briets Stellung innerhalb des europäischen Diskurses über Dokumentation sowie ihres Antilopen-Beispiels findet sich in Ronald E. Day 2001, Kap. 2, insbes. S. 21–35.
16 Michael Buckland 1998.

17 Michael Buckland 2014, S. 192.

18 Buckland beendet beispielsweise seine Abhandlung über die zeitgenössische »Dokumentalität« mit der allgemeinen Behauptung: »Wir stellen fest, dass ein gemeinsames Merkmal von Dokumenten sowohl im konventionellen als auch im erweiterten Sinne darin besteht, dass sie eine Art Code aufweisen« (Michael Buckland 2014, S. 185). Im Gegensatz dazu steht im Zentrum von Gitelmans Analyse, dass Dokumente historisch immer wieder als eine Gattung von Beweismitteln angesehen wurden. Es sollte hier wiederholt werden, dass der sich verstärkende Zwang zu einer großdimensionierten organisatorischen Koordination in modernen Gesellschaften – insbesondere der Aufstieg von staatlichen und kommerziellen Bürokratien – die soziale und politische Bedeutung von Dokumenten sowie ihre Allgegenwart und zugleich Unsichtbarkeit als einer eigenen Kulturform befördert hat. Bei Matthew S. Hull (2012) findet sich eine nützliche Analyse der Bedeutung von Dokumenten nicht nur als bürokratischen Instrumenten, sondern vor allem auch als Mitteln, die dazu dienen, dass bürokratische Organisationen zusammenhalten, funktionieren und fortbestehen können.

19 Lisa Gitelman 2014, S. 1. Briet schreibt: »Die lateinische Kultur und ihre Erben haben dem Wort ›Dokument‹ von Anfang an die Bedeutung von Belehrung oder Beweis verliehen. [...] Ein zeitgenössischer Bibliograf, der sich um Klarheit bemüht, hat diese kurze Definition vorgeschlagen: ›Ein Dokument ist ein Beweis für eine Tatsache‹« (Suzanne Briet 2006 [1951], S. 9).

20 Seymour Benjamin Chatman 1978, S. 147. Gérard Genette (1982, S. 127–144) wird hauptsächlich genannt, wenn es um die Wiedereinführung der platonischen und aristotelischen

Definitionen von »Diegesis« (erzählende Darstellung, in ihrer einfachsten Form durch die Stimme eines einzelnen Erzählers) und »Mimesis« (nachahmende Darstellung ohne die Stimme des Erzählers) in die moderne Literaturtheorie geht, die üblicherweise herangezogen werden, um die Unterscheidung zwischen narrativen und dramatischen Genres zu untermauern. Dieselben Definitionen und Unterscheidungen finden sich auch im Gegensatz von Zeigen und Sprechen wieder, der im Lauf des 20. Jahrhunderts entwickelt wurde (siehe Gérard Genette 1980, S. 160; Wayne C. Booth 1983, insbes. Kap. 1 (dt. Wayne C. Booth 1974, S. 11ff.) sowie S. 438, Anm. 16; siehe auch Shlomith Rimmon-Kenan 2002, S. 110). Einige Wissenschaftler, darunter auch Genette selbst, warnen allerdings vor der Lektüre der originalen platonischen und aristotelischen Quellen, da sie eine strenge und (vor)schnelle Unterscheidung zwischen Diegesis und Mimesis als Kategorien der Narration und Darstellung vornehmen.

21 Lisa Gitelman 2014, S. 2.

22 Steve Neale 1990, S. 49.

23 Die Verbindung von Erkennen und Zeigen lässt sich – im Fall des Screenshots, aber auch im Fall von vielen anderen Unterformen des Genres »Dokument« – auf technisch-bürokratische Vorgänge wie das Speichern und Ablegen einerseits und das Verbreiten/ Anzeigen andererseits übertragen.

24 Bei Smartphones und Tablets wird deutlich, dass der streng rechteckige Rahmen wichtiger ist als die originalgetreue Wiedergabe des gesamten Displays, da einige Geräte Displays mit abgerundeten Ecken besitzen.

25 Johanna Drucker 2014, S. 71. Drucker benennt drei »grundlegende grafische Prinzipien« visueller Zeichensysteme: »die Strukturie- rung einer Oberfläche (indem ein Bereich so abgetrennt wird,

dass er von Bedeutung ist), die Unterscheidung von Figur und Hintergrund (als Elemente eines Wechselverhältnisses in einem grafischen Feld) und die Abgrenzung des Bereichs visueller Elemente, die damit als relationales System fungieren (Rahmung oder In-Bezug-Setzen hinsichtlich einer gemeinsamen Referenz)« (ebd.). Während die Rahmung bei Drucker lediglich als Beispiel für das dritte Prinzip erwähnt wird, ist es hier für alle drei relevant.

26 Gunther R. Kress/Theo van Leeuwen 2004, S. 214–218.

27 Die Geschichte des Rahmens als Element und Metapher in der westlichen Bildkultur ist lang und komplex. Bei Anne Friedberg 2006 findet sich eine umfangreiche Darstellung einschließlich digitaler Kontexte; bei Paul Frosh 2011 geht es um die Verbindungen zwischen visuellen Rahmen und der Rahmung als einem Konzept der Kommunikationsforschung.

28 Leon Battista Alberti 2000, S. 225.

29 Derrida argumentiert, dass der Rahmen (den er als Parergon identifiziert, wie Kant scheinbare Bei- oder Nebenwerke der Kunst bezeichnet) nicht nur eine Darstellung ermöglicht, sondern dann die stärkste Wirkung entfaltet, wenn er am wenigsten sichtbar ist: »Es gibt immer eine Form vor einem Hintergrund, aber das Parergon ist eine Form, deren traditionelle Bestimmung es ist, sich nicht abzuheben, sondern zu verschwinden, zu versinken, zu verblassen, in dem Augenblick zu zerfließen, wo es seine größte Energie entfaltet.« (Jacques Derrida 1992, S. 82.)

30 Siehe Yuk Hui 2012 hinsichtlich einer Erörterung über digitale Objekte im Verhältnis zu philosophischen – insbesondere phänomenologischen – Konzeptualisierungen natürlicher und technischer Objekte.

31 Dies bedeutet selbstverständlich nicht, dass die Datei das Dokument ist. Auch wenn es praktisch für mich ist, mir die Datei

dieses Texts als den Text vorzustellen: »Aber es ist der Text in einem sinnvollen und nützlichen Sinne, nur weil und solange ich mit einer technischen Umgebung rechnen kann, die meinen Laptop, Microsoft Word und einen Drucker umfasst, so dass ich auf einem Bildschirm und auf Papier verständliche Zeichen erkennen kann. Ist die Datei unter solchen Umständen wirklich ›das Dokument‹? Oder sollte ich sagen, dass das Dokument aus der Datei und der erforderlichen technischen Umgebung besteht? Oder muss ich auch die erforderlichen wahrnehmbaren Formen einbeziehen?« (David M. Levy 2001, S. 157.)

32 Lisa Gitelman 2014, S. 2.

33 Geoffrey Nunberg 1996, S. 110.

34 Ebd., S. 117.

35 Nunbergs Beschreibung der Fragmentierbarkeit von Informationen schwingt auch in einem anderen von Manovich entwickelten Konzept mit. So geht es in seinem früheren Werk *The Language of New Media* (2001) um den fraktalen beziehungsweise modularen Charakter neuer Medienobjekte.

36 David M. Levy 2001, S. 23.

37 Während der Arbeit am vorliegenden Buch wurden sowohl von Snapchat als auch von Instagram Funktionen eingeführt, die den Sender eines privaten Fotos benachrichtigen, wenn der Empfänger einen Screenshot davon anfertigt. Snapchat-Entwickler scheinen also ein technisches Katz-und-Maus-Spiel mit Nutzern zu veranstalten, die mit Hilfe von Screenshots Bilder und Videos speichern wollen, die eigentlich vergänglich sind. Siehe zum Beispiel https://www.techadvisor.co.uk/how-to/social-networks/how-screen-shot-on-snapchat-without-them-knowing-2017-3634217/. Vielen Dank an Tomer Frosh für diesen Hinweis.

38 Jay David Bolter/Richard Grusin 1999.

39 Eine ausführliche und wichtige Erörterung der Remediation findet sich in Sarah Kember/Joanna Zylinska 2012, Kap. 1.

40 Susan Sontag 1980, S. 11.

41 Sontag gehört freilich zu denjenigen, deren Skepsis in den zitierten Passagen durch distanzierende Formulierungen wie »scheint so« und »gilt als etwas« zum Ausdruck kommt.

42 Martha Rosler 1989; Derrick Price 1997.

43 Don Slater 1995.

44 Slater beschreibt, wie drei Formen von Realismus, die seit dem 19. Jahrhundert als epistemische Grundlage der Fotografie fungieren, eine Schnittmenge bilden und sich damit wechselseitig verstärken: 1. Der gegenständliche Realismus betont die (Über-) Erfüllung der Konventionen und Realismus-Standards anderer Kunstgattungen, insbesondere der Malerei, durch die Fotografie. 2. Der ontologische Realismus betont die Notwendigkeit der realen Präsenz des dargestellten Objektes in einem bestimmten Moment vor der Kamera sowie »die Annahme einer einzigartigen und privilegierten Beziehung zwischen Zeichen und Bezeichnetem« (ebd., S. 222) – eine Annahme, die andere Wissenschaftler (und auch ich) mit Hilfe des Konzepts der Indexikalität erörtert haben. 3. Der mechanistische Realismus, der die Erzeugung von Bildern mittels eines mechanisierten, scheinbar unpersönlichen und stark automatisierten Prozesses in den Vordergrund stellt.

45 Cara A. Finnegan 2001, S. 135. Finnegan bezieht sich in ihrer Erörterung des naturalistischen Enthymems auf Slaters oben erwähnte drei Realismen der Fotografie (ebd., S. 142).

46 Damien Smith Pfister/Carly S. Woods 2016, S. 250.

47 André Bazin 1980, S. 242.

48 Michelle Henning 2018 stellt die Beschreibung der Fotografie als

Medium der Unbewegtheit und Unveränderlichkeit in Frage und kritisiert die Dominanz dieser Auffassung in der Fototheorie. Stattdessen charakterisiert sie die Fotografie als Quelle von Bewegtheit, als Möglichkeit, Bilder dadurch freizusetzen, dass sie über unterschiedliche Oberflächen und Kontexte vervielfältigt werden. Wenn Hennings Auffassung richtig ist, bedeutet dies, dass die diskursiv-materielle Remediation von fotografischer Unbewegtheit und deren Übertragung auf eine nicht-fotografische digitale Form wie den Screenshot beachtliche rückwirkende Kraft besitzt. Dass man dem Screenshot eine vermeintliche »fotografische« Unbewegtheit zuweist, verstärkt nämlich die Überzeugung, die prä-digitale Fotografie sei ein Medium der Unveränderlichkeit.

49 Dieses Verständnis der Remediation als eines Mittels zur Übertragung von Erfahrungen, Erwartungen und Praktiken von einem Medium auf ein anderes ist Leah A. Lievrouw zu verdanken: »Menschen beteiligen sich an kommunikativen *Praktiken* oder Aktionen, bei denen zum Teil Geräte zum Einsatz kommen; Praktiken ändern sich in einem laufenden Prozess der Remediation von Interaktion, Ausdruck und kulturellen Werken.« (2014, S. 45.)

50 Der Ausdruck *screen cap* ist jedoch nicht ganz synonym mit Screenshot, da sich ersterer häufig auf die Erfassung von Standbildern aus Videos bezieht, während Screenshot nur selten für Videos verwendet wird.

51 Theresa M. Senft 2008.

52 Theresa M. Senft 2015.

53 Ebd., S. 9.

54 Fotografie ganz auf die Erzeugung von referentiellen Bildern einer externen Welt zu reduzieren bedeutet eine starke Vereinfachung.

Abstraktion – die Erzeugung von Bildern, die sich nicht auf physische Objekte oder Szenen beziehen – ist seit ihren Anfängen (seit den frühen Fotogrammen oder »Sonnenbildern« von Henry Fox Talbot) Teil der Fotografie (Lyle Rexer 2013, S. 27). Obwohl die Fotografie hauptsächlich als referentielle Praktik verstanden und verwendet wurde, ist diese Betonung von »nachahmenden Bildern« (Asko Lehmuskallio 2016, S. 245) also nicht die einzige Option für ein Medium, das sich umfassender als Reihe von »Technologien zur Durchführung oder Steuerung der Erzeugung von Bildern auf sensibilisierten Oberflächen mittels Licht« definieren lässt (Patrick Maynard 1997, S. 20) und das ein breites Spektrum möglicher Ergebnisse hervorbringen kann, darunter konventionelle Fotodrucke, Fotogramme, Fotokopien, Röntgenbilder usw. So wenig somit alle Fotos referentiell sind, so sehr scheint dies jedoch auf Screenshots zuzutreffen, obwohl sie gerade nicht auf sensibilisierten Oberflächen mittels Licht erzeugt werden.

55 Francesco Casetti 2013, S. 17.

56 Selbst wenn die Web-Archivierung durch Nutzung kommerzieller Screenshot-Dienste wie Stillio automatisiert stattfindet, werden die Parameter dafür durch menschliche Entscheidungen bestimmt.

57 Stanley Cavell 1979, S. 24.

58 »Der Betrachter weiß nichts über das Off der Bilder ... und dennoch kann er nicht verhindern, sich ein Off vorzustellen, es zu halluzinieren und von der *Form dieser Leere* zu träumen. Das nicht dokumentierte, immaterielle und projizierte Off fasziniert umso mehr. [...] Das ausgeschlossene Off ist [...] für immer durch die Aufnahme, den Ausschnitt ausgeschlossen und dennoch gegenwärtig, nachgerade (hypnotisch) anziehend, es besteht als

Ausgeschlossenes weiter durch die Kraft seiner Abwesenheit, die selbst innerhalb des Rahmens spürbar wird.« (Christian Metz 1985 in Herta Wolf 2003, S. 222–223 [Hervorhebung im Original].)

59 Christian Metz 1985, S. 84.

60 Zum Teil ist es die Gewaltsamkeit dieses Stillstands – eine Gewaltsamkeit, die den Blick des Betrachters ins Off und zum Ort der Abwesenheit lenkt –, was Metz dazu veranlasst, das Foto als Fetisch zu konzeptualisieren.

61 Ingrid Hoelzl/Rémi Marie 2015, S. 40.

62 Ebd.

63 Ebd. [Hervorhebung im Original].

64 Ebd.

65 Ebd., S. 132.

66 Martin Hand 2012.

67 Lev Manovich 2001, S. 94.

68 Sarah Kember/Joanna Zylinska 2012, S. 21.

69 Ebd., S. 82.

70 Ebd., S. 81 [Hervorhebung im Original].

71 Dennoch erfolgt der Screenshot stets von einem bestimmten Gerät und ist somit – abgesehen von öffentlichen Geräten – nahezu immer persönlich. Häufig bietet er auch zufällige oder versehentliche Anhaltspunkte, die etwas über die Identität und das Verhalten des Gerätenutzers preisgeben. Vielen Dank an Caroline Walsh für diesen Hinweis.

72 John Durham Peters 2001, S. 710.

73 Nick Couldry 2004, S. 357.

74 Yuval Noah Harari 2009.

75 Amanda Lagerkvist 2017, S. 98.

76 »Shiri« ist die hebräische Koseform von »Shir«. Das angehängte »i« hat einen innigen und liebevollen Beiklang. Unter Freunden

und Geschwistern ist es ein starker Indikator für fürsorgliche Zuneigung.

77 Barbie Zelizer 2010.

78 Roman Jakobson 1960.

79 Giorgio Agamben 1999.

80 Dieser Screenshot weist zusätzliche Stilmittel grafischer Remediation auf, welche die Assoziation mit der Unveränderlichkeit prä-digitaler Dokumente als physischer Objekte verstärken. Besonders bemerkenswert ist, dass der Screenshot leicht schräg über die Zeitungsseite gesetzt wurde. Das betont seine Ränder, zudem entsteht der Eindruck, er sei physisch ausgeschnitten und auf die gedruckte Zeitungsseite geklebt worden.

81 Hier ist die Semiotik des Zeichens ✓ entscheidend. Zum einen wird das Häkchen bei WhatsApp wie in vielen anderen Kontexten als Marker dafür verwendet, dass eine Aufgabe erledigt wurde (ähnlich wie man gekaufte Artikel auf einem Einkaufszettel abhaken könnte). Das Zeichen scheint bei WhatsApp jedoch nicht mit der Bedeutung von »Zustimmung« oder »Genehmigung« versehen zu sein, wie das etwa beim Korrigieren von Klassenarbeiten der Fall ist. Andererseits aber kann das Häkchen für die Anwesenheit einer Person stehen, etwa wenn nacheinander die Schüler einer Klasse namentlich aufgerufen und auf einer Liste abgehakt werden, wenn sie da sind. Dieser Bezug des ✓ zur Präsenz trägt ebenfalls zur poetischen Aufladung dieses Screenshots als eines eindringlichen Bildes kurz vor dem Tod bei.

82 Rosa Menkman 2011, S. 12.

83 Roland Barthes 2012, S. 35.

84 Siehe Margaret Iversen 1994 zu einer bekannten und klugen Interpretation der *Hellen Kammer* von Roland Barthes sowie

seiner Unterscheidung zwischen *studium* und *punctum* – betrachtet gewissermaßen durch die Linse von Lacans psychischen Dimensionen des Realen, des Symbolischen und des Imaginären.

85 Roland Barthes 2012, S. 36 [Hervorhebung im Original].

86 Amanda Lagerkvist/Yvonne Andersson 2017.

87 »Wer eine einzige Seele zerstört, zerstört die ganze Welt. Und wer eine einzige Seele rettet, rettet die ganze Welt.« (*Jerusalemer Talmud*, Sanhedrin 23a–b.)

88 W. J. T. Mitchell 2008, S. 22.

89 Die Auffassung, dass digitale Medien unsere alltäglichen Lebenswelten so sehr durchdringen, dass sie maßgebliche Verbindungen zu anderen herstellen, spielt auch eine wichtige Rolle bei Annette Markhams Vorschlag der Echolotung als einer Metapher für das Erleben und die Konstruktion der digitalen Identität: »Der scheinbar pausenlose Online-Zustand der Konnektivität ist ein Prozess fortwährender Echolotung, wie wir ihn vom Radar her kennen, wobei die Umrisse eines Objekts im Raum durch das stetige Senden von Tonsignalen und das Hören auf die Art des Echos bestimmt werden.« (Annette Markham 2017)

90 Mark Deuze 2011. »Sie gebären rittlings über dem Grabe, der Tag erglänzt einen Augenblick und dann von neuem die Nacht.« Pozzo am Ende des zweiten Akts von Becketts *Warten auf Godot* (Samuel Beckett 1981, S. 195).

Literaturverzeichnis

Agamben, Giorgio: *The Man without Content*, Stanford: Stanford University Press, 1999

Alberti, Leon Battista: *Das Standbild – Die Malkunst – Grundlagen der Malerei*, hrsg. von Oskar Bätschmann/Christoph Schäublin, Darmstadt: Wissenschaftliche Buchgesellschaft, 2000

Barthes, Roland: *Die helle Kammer: Bemerkung zur Photographie*, Frankfurt/Main: Suhrkamp, 2012

Bauman, Zygmunt: *Flüchtige Moderne*, Frankfurt/Main: Suhrkamp, 2003

Bazin, André: ›The Ontology of the Photographic Image‹, in: Alan Trachtenberg (Hg.): *Classic Essays on Photography*, New Haven: Leete's Island Books, 1980, S. 237–244

Beckett, Samuel: *Warten auf Godot*, in: ders.: *Dramatische Dichtungen in drei Sprachen*, Frankfurt/Main: Suhrkamp, 1981, S. 6–205

Berman, Marshall: *All That Is Solid Melts into Air: The Experience of Modernity*, London: Verso, 1983

Bolter, Jay David/Grusin, Richard: *Remediation: Understanding New Media*, Cambridge, MA: MIT Press, 1999

Booth, Wayne C.: *The Rhetoric of Fiction*, 2. Aufl., Chicago: University of Chicago Press, 1983 [*Die Rhetorik der Erzählkunst*, Heidelberg: Quelle & Meyer, 1974, 2 Bde.]

Briet, Suzanne: *What is Documentation?* [1951]. English Translation of the Classic French Text, edited and translated by Ronald E. Day, Laurent Martinet and Hermina G. B. Anghelescu, Lanham: Scarecrow Press, 2006

Buckland, Michael: ›What Is a Digital Document?‹, in: *Document Numérique* 2, Nr. 2 (1998), S. 221–230

Buckland, Michael: ›Documentality beyond Documents‹, in: *The Monist* 97, Nr. 2 (2014), S. 179–186

Casetti, Francesco: ›What Is a Screen Nowadays?‹, in: Chris Berry/Janet Harbord/Rachel Moore (Hgg.): *Public Space, Media Space*, London: Palgrave Macmillan, 2013, S. 16–40

Cavell, Stanley: *The World Viewed. Reflections on the Ontology of Film*, Cambridge, MA: Harvard University Press, 1979

Chatman, Seymour Benjamin: *Story and Discourse: Narrative Structure in Fiction and Film*, Ithaca: Cornell University Press, 1978

Couldry, Nick: ›Liveness, 'Reality', and the Mediated Habitus from Television to the Mobile Phone‹, in: *The Communication Review* 7, Nr. 4 (2004), S. 353–361

Day, Ronald E.: *The Modern Invention of Information: Discourse, History, and Power*, Carbondale/Edwardville: Southern Illinois University Press, 2001

Derrida, Jacques: *Die Wahrheit in der Malerei*, Wien: Passagen-Verlag, 1992

Deuze, Mark: ›Media Life‹, in: *Media, Culture & Society* 33, Nr. 1 (2011), S. 137–148

Drucker, Johanna: *Graphesis: Visual Forms of Knowledge Production*, Cambridge, MA: Harvard University Press, 2014

Finnegan, Cara A.: ›The Naturalistic Enthymeme and Visual Argument: Photographic Representation in the 'Skull Controversy'‹, in: *Argumentation and Advocacy* 37, Nr. 3 (2001), S. 133–149

Francke, Helena: ›What's in a Name? Contextualizing the Document Concept‹, in: *Literary and Linguistic Computing* 20, Nr. 1 (2005), S. 61–69

Friedberg, Anne: *The Virtual Window: From Alberti to Microsoft*, Cambridge, MA: MIT Press, 2006

Frosh, Paul: ›Phatic Morality: Television and Proper Distance‹, in: *International Journal of Cultural Studies* 14, Nr. 4 (2011), S. 383–400

Genette, Gérard: *Narrative Discourse: An Essay in Method*, Ithaca: Cornell University Press, 1980

Genette, Gérard: *Figures of Literary Discourse*, New York: Columbia University Press, 1982

Gitelman, Lisa: *Paper Knowledge: Toward a Media History of Documents*, Durham: Duke University Press, 2014

Hand, Martin: *Ubiquitous Photography*, Cambridge: Polity Press, 2012

Harari, Yuval Noah: ›Scholars, Eyewitnesses, and Flesh-Witnesses of War: A Tense Relationship‹, in: *Partial Answers: Journal of Literature and the History of Ideas* 7, Nr. 2 (2009), S. 213–228

Henning, Michelle: *Photography: The Unfettered Image*, London: Routledge, 2018

Hoelzl, Ingrid/Marie, Rémi: *Softimage: Towards a New Theory of the Digital Image*, Bristol: Intellect, 2015

Hui, Yuk: ›What Is a Digital Object?‹, in: *Metaphilosophy* 43, Nr. 4 (2012), S. 380–395

Hull, Matthew S.: ›Documents and Bureaucracy‹, in: *Annual Review of Anthropology* 41 (2012), S. 251–267

Iversen, Margaret: ›What Is a Photograph?‹, in: *Art History* 17, Nr. 3 (1994), S. 450–464

Jakobson, Roman: ›Linguistics and Poetics‹, in: Thomas Albert Sebeok (Hg.): *Style in Language*, Cambridge, MA: MIT Press, 1960, S. 350–377

Kember, Sarah/Zylinska, Joanna: *Life after New Media: Mediation as a Vital Process*, Cambridge, MA: MIT Press, 2012

Kern, Stephen: *The Culture of Time and Space 1880–1918*, Cambridge, MA: Harvard University Press, 1983

Kress, Gunther R./Leeuwen, Theo van: *Reading Images: The Grammar of Visual Design*, London: Routledge, 2004

Lagerkvist, Amanda: ›Existential Media: Toward a Theorization of Digital Throwness‹, in: *New Media & Society* 19, Nr. 1 (2017), S. 96–110

Lagerkvist, Amanda/Andersson, Yvonne: ›The Grand Interruption: Death Online and Mediated Lifelines of Shared Vulnerability‹, in: *Feminist Media Studies* 17, Nr. 4 (2017), S. 550–564

Lanham, Richard A.: *The Electronic Word: Democracy, Technology, and the Arts*, Chicago: University of Chicago Press, 1993

Lehmuskallio, Asko: ›The Camera as a Sensor: The Visualization of Everyday Digital Photography as Simulative, Heuristic and Layered Pictures‹, in: Edgar Gómez Cruz/Asko Lehmuskallio (Hgg.): *Digital Photography and Everyday Life: Empirical Studies on Material Visual Practices*, London: Routledge, 2016, S. 243–266

Levy, David M.: *Scrolling Forward: Making Sense of Documents in the Digital Age*, New York: Arcade Publishing, 2001

Lievrouw, Leah A.: ›Materiality and Media in Communication and Technology Studies: An Unfinished Project‹, in: Tarleton Gillespie/Pablo J. Boczkowski/Kirsten A. Foot (Hgg.): *Media Technologies: Essays on Communication, Materiality, and Society*, Cambridge, MA: MIT Press, 2014, S. 21–52

Lund, Niels Windfeld: ›Document, Text and Medium: Concepts, Theories and Disciplines‹, in: *Journal of Documentation* 66, Nr. 5 (2010), S. 734–749

Manovich, Lev: *The Language of New Media*, Cambridge, MA: MIT Press, 2001

Manovich, Lev: *Software Takes Command*, New York: Bloomsbury, 2013

Markham, Annette: ›Echo-Locating the Digital Self‹ (Blog-Beitrag),

26. September 2017, https://annettemarkham.com/
  2017/09/25844/

Maynard, Patrick: *The Engine of Visualization: Thinking through
  Photography*, Ithaca: Cornell University Press, 1997

Menkman, Rosa: *The Glitch Moment(um)*, Amsterdam: Network
  Notebooks, Institute of Network Cultures, 2011

Metz, Christian: ›Photography and Fetish‹, in: *October* 34 (1985),
  S. 81–90

Mitchell, W. J. T.: *Das Leben der Bilder. Eine Theorie der visuellen Kultur*,
  München: C. H. Beck, 2008

Neale, Steve: ›Questions of Genre‹, in: *Screen* 31, Nr. 1 (1990), S. 45–66

Nunberg, Geoffrey: ›Farewell to the Information Age‹, in: ders. (Hg.):
  The Future of the Book, Berkeley: University of California Press,
  1996, S. 103–136

Peters, John Durham: ›Witnessing‹, in: *Media, Culture & Society* 23,
  Nr. 6 (2001), S. 707–724

Pfister, Damien Smith/Woods, Carly S.: ›The Unnaturalistic Enthyme-
  me: Figuration, Interpretation, and Critique after Digital
  Mediation‹, in: *Argumentation and Advocacy* 52, Nr. 4 (2016),
  S. 236–253

Price, Derrick: ›Surveyors and Surveyed: Photography Out and About‹,
  in: Liz Wells (Hg.): *Photography: A Critical Introduction*, London:
  Routledge, 1997, S. 55–102

Rexer, Lyle: *The Edge of Vision: The Rise of Abstraction in Photography*,
  New York: Aperture, 2013

Rimmon-Kenan, Shlomith: *Narrative Fiction: Contemporary Poetics*,
  2. Aufl., London: Routledge, 2002

Rosler, Martha: ›In, Around and Afterthoughts (on Documentary
  Photography)‹, in: Richard Bolton (Hg.): *The Contest of Meaning:*

Critical Histories of Photography, Cambridge, MA: MIT Press, 1989, S. 303–342

Senft, Theresa M.: *Camgirls: Celebrity and Community in the Age of Social Networks*, New York: Peter Lang, 2008

Senft, Theresa M.: ›The Skin of the Selfie‹, in: Alain Bieber (Hg.): *Ego Update: The Future of Digital Identity*, Düsseldorf: NRW Forum, 2015, https://www.academia.edu/15942177/The_Skin_of_the_Selfie_Abridged_

Slater, Don: ›Photography and Modern Vision: The Spectacle of 'Natural Magic'‹, in: Chris Jenks (Hg.): *Visual Culture*, London: Routledge, 1995, S. 218–237

Sontag, Susan: *Über Fotografie*, Frankfurt/Main: Fischer Taschenbuch Verlag, 1980

Williams, Raymond: *Television: Technology and Cultural Form*, London: Routledge, 1990 [EA 1975]

Wolf, Herta (Hg.): *Diskurse der Fotografie*, Frankfurt/Main: Suhrkamp, 2003

Zelizer, Barbie: *About to Die: How News Images Move the Public*, Oxford: Oxford University Press, 2010

Paul Frosh, 1965 in Großbritannien geboren, studierte Englische Literatur an der Cambridge University und promovierte in Kommunikationswissenschaften an der Hebrew University in Jerusalem, wo er seit 2001 am Institut für Kommunikation und Journalismus als Associate Professor tätig ist. Frosh publiziert im Feld der Kommunikations- und Kulturtheorie, zu visuellen Medien (vor allem Fotografie und Fernsehen), Konsumkultur sowie zur Ästhetik digitaler Schnittstellen.

DIGITALE BILDKULTUREN

Die erste Buchreihe, die sich systematisch mit der
ästhetischen, gesellschaftlichen und politischen Dimension
von Bildphänomenen des Digitalen beschäftigt.

Annekathrin Kohout   NETZFEMINISMUS
Strategien weiblicher Bildpolitik

Wolfgang Ullrich   SELFIES
Die Rückkehr des öffentlichen Lebens

Kerstin Schankweiler   BILDPROTESTE
Widerstand im Netz

Diana Weis   MODEBILDER
Abschied vom Real Life

Daniel Hornuff   HASSBILDER
Gewalt posten, Erniedrigung liken, Feindschaft teilen

Tilman Baumgärtel   GIFS
Evergreen aus Versehen

Dirk von Gehlen   MEME
Muster digitaler Kommunikation

Roland Meyer   GESICHTSERKENNUNG

Vernetzte Bilder, körperlose Masken

Jörg Scheller   BODY-BILDER

Körperkultur, Digitalisierung und Soziale Netzwerke

Gala Rebane   EMOJIS

Geschichte, Gegenwart und Zukunft einer
digitalen Bilderschrift

Kolja Reichert   KRYPTO-KUNST

NFTs und digitales Eigentum

In Vorbereitung:

Thomas Dreier   COPYRIGHT

Jacob Birken   VIDEOSPIELE

Katja Müller-Helle   BILDZENSUR

Alle Bände: Broschur. 80 Seiten mit Abbildungen
auch als E-Book erhältlich

Wenn Sie mehr über den Verlag und seine Bücher wissen möchten,
schreiben Sie uns eine Postkarte oder elektronische Nachricht (mit
Anschrift und E-Mail). Wir informieren Sie dann regelmäßig über
unser Programm und unsere Veranstaltungen.

Verlag Klaus Wagenbach   Emser Straße 40/41   10719 Berlin

www.wagenbach.de   vertrieb@wagenbach.de

BILDERFAHRZEUGE
Aby Warburgs Vermächtnis und die Zukunft der Ikonologie

Der Kulturwissenschaftler und Kunsthistoriker Aby Warburg (1866–1929) regt mit seiner Konzentration auf einzelne Bildmotive, die durch die Jahrhunderte immer wiederkehren, bis heute zum genauen Hinsehen und Betrachten – nicht nur von Kunstwerken – an.

Herausgegeben von Andreas Beyer, Horst Bredekamp, Uwe Fleckner und Gerhard Wolf
Klappenbroschur. 256 Seiten mit vielen Abbildungen

Wolfgang Ullrich   DIE GESCHICHTE DER UNSCHÄRFE

Warum sind Bilder populär, auf denen kaum etwas zu erkennen ist? Der Kulturwissenschaftler Wolfgang Ullrich geht in seinem hochinteressanten Buch zurück bis ins 19. Jahrhundert, wo die Unschärfe als Stilmittel erstmals auftaucht.

WAT 626. 192 Seiten mit zahlreichen, zum Teil farbigen Abbildungen

Horst Bredekamp   DER BILDAKT

In diesem Buch bündelt Horst Bredekamp seine gesamte Forschung, und zwar nicht nur hinsichtlich der Kunst- und Bildgeschichte, sondern auch in seinem Nachdenken über die großen Fragen zu Natur, Gesellschaft und Politik.

WAT 744. 464 Seiten mit zahlreichen, zum Teil farbigen Abbildungen

Kulturgeschichte bei Wagenbach

Ursula Schulz-Dornburg, Martin Zimmermann
DIE TEILUNG DER WELT
Zeugnisse der Kolonialgeschichte

In einer eindrucksvollen Serie hat Ursula Schulz-Dornburg das monumentale Archiv der spanischen Kolonialmacht in Sevilla dokumentiert – Bilder, die ahnen lassen, was die Regale beherbergen: Geschichten von Entdeckungsreisen, von der Hybris der Herrschenden und folgenreiche Schriftstücke.

Klappenbroschur im Großformat. 160 Seiten mit vielen Abbildungen

DIE KUNST DES WARTENS

Niemand wartet gern. Doch wer entscheidet, ob und wie wir warten? Angespannt oder resigniert, geduldig oder zuversichtlich? Schätzen wir Dinge mehr, auf die wir lange gewartet haben? Die Bilder und Texte dieses Buches vermitteln eine Fülle von Ideen und Einblicken.

Herausgegeben von Brigitte Kölle und Claudia Peppel
Klappenbroschur im Großformat. 168 Seiten mit vielen Abbildungen

Wenn Sie mehr über den Verlag und seine Bücher wissen möchten, schreiben Sie uns eine Postkarte oder elektronische Nachricht (mit Anschrift und E-Mail). Wir informieren Sie dann regelmäßig über unser Programm und unsere Veranstaltungen.

Verlag Klaus Wagenbach   vertrieb@wagenbach.de

Wir danken der Hubert Burda Stiftung für die freundliche
Unterstützung.

Screenshots ist das dritte Kapitel (»Screenshot: The ›Photographic‹ Witnessing of Digital Worlds«) aus dem Buch *The Poetics
of Digital Media* von Paul Frosh, erschienen 2019 bei Polity
Press in Cambridge. Der Text wurde aus dem englischen Ori-
ginal übersetzt von Franka Kathrin Wolf.

2. Auflage 2021

© für die deutschsprachige Ausgabe:
2019 Verlag Klaus Wagenbach   Emser Straße 40/41
10719 Berlin   www.wagenbach.de

Umstaltunggestaltung: Studio Jung, Berlin. Gesetzt aus der
Milo OT. Gedruckt auf Schleipen bei Pustet, Regensburg
Printed in Germany. Alle Rechte vorbehalten.

ISBN   978 3 8031 3691 6